历史的运用与滥用

[加拿大]

玛格丽特·麦克米伦

著

孙唯瀚

译

The Uses
and

Margaret
MacMillan

Abuses

of History

GUANGXI NORMAL UNIVERSITY PRESS

广西师范大学出版社

·桂林·

图书在版编目(CIP)数据

历史的运用与滥用 / (加) 玛格丽特·麦克米伦著；
孙唯瀚译. —桂林：广西师范大学出版社, 2021.4（2024.12重印）
书名原文：The Uses and Abuses of History
ISBN 978-7-5598-3589-5

Ⅰ.①历… Ⅱ.①玛… ②孙… Ⅲ.①世界史－研究
Ⅳ.①K107

中国版本图书馆CIP数据核字(2021)第006607号

著作权合同登记号桂图登字：20-2021-102 号

LISHI DE YUNYONG YU LANYONG
历史的运用与滥用

作　者：（加）玛格丽特·麦克米伦

译　者：孙唯瀚

责任编辑：王辰旭

书籍设计：COMPUS·汐和

内文制作：常　亭

广西师范大学出版社出版发行

　广西桂林市五里店路9号　邮政编码：541004
　网址：www.bbtpress.com
出版人：黄轩庄

全国新华书店经销

发行热线：010-64284815

北京启航东方印刷有限公司印刷

开本：787mm×1092mm　1/32

印张：7.375　　　　　　字数：150千

2021年4月第1版　2024年12月第5次印刷

定价：58.00元

如发现印装质量问题，影响阅读，请与出版社发行部门联系调换。

目录

引言

　　我们每个人时时刻刻都在创造着历史，即便我们自己很多时候都没有意识到，就像那个猛然发现自己在写散文的人一样。我们总想让自己的生活变得有意义，想知道我们在社会中所处的地位，以及我们是如何成为这样的。因此，我们才给自己讲故事，即使其中很多并不忠于事实；并且我们也会探索关于自身的问题。这些故事和问题难免让我们直面过往：我如何成长为如今的自己？我的父辈、祖辈究竟是什么样子？作为一个独立的个体，我们至少是人类共同历史的一分子，这些历史包含了我们所生活的地理位置、时间、社会地位以及家庭背景。我是一个土生土长的加拿大人，因而我曾生活在一个世上少有的和平、稳定和繁荣的社会之中。这样的生活经历无形中塑造了我看待世界的态度，相较于生长在阿富汗或者索马里的人，或许我对事物的发展保有更加乐观的态度。同时我的父辈和祖辈们的历史也对我的成长产生了很大影响。在成长的过程中，我曾或多或少地了解到父辈们参加过的第二次世界大战的历史，也知道了祖辈们参加过的第一次世界大战的一些故事。

我们利用历史去了解自己，同样我们也用历史去了解他人。要是我们知道身边一个熟人曾遭遇的不幸经历，就可以在生活中避免引起他的创伤回忆（如果我们了解到他曾经历过非常幸运的事情，就会跟他有截然不同的相处方式）。不论在处理商业、政治问题，还是处理人际关系时，我们不应该认为人与人都是相同的。如果我们不了解历史上英军曾于1759年在魁北克击败法军从而在加拿大建立殖民地，并且此后讲法语的人在加拿大变成了"二等公民"，就不会理解时至今日在魁北克依旧高涨的法兰西民族主义。[1]如果我们不了解英国产出的石油大多源于苏格兰，也不会理解为什么许多苏格兰人对英格兰抱有的自豪和不满交织的情绪。如果我们不了解美国南北战争和战后重建对于南方白人造成的巨大损失，也不会理解他们为什么时至今日还对"北方佬"充满怨恨。同样，如果我们不了解历史上黑人曾受到的奴役和歧视，甚至废奴运动后依然长期遭受的暴力对待，就很难真正理解美国各个种族间复杂的关系。在国际关系方面，如果我们不了解巴勒斯坦和以色列长久

---

[1] 1759年9月13日，英国军队在魁北克城外击溃法国军队，此后英军于1760年攻占蒙特利尔从而控制整个新法兰西地区（法国位于北美洲的殖民地）。英法双方于1763年签署《巴黎和约》结束"七年战争"，新法兰西被正式割让给英国。（如无特殊说明，本书所有注释均为译者所加）

以来的冲突，又谈何真正理解他们对彼此深深的敌意呢？

美国汽车大亨亨利·福特曾对历史有过一个非常著名的论断："历史不过是故纸堆中的无稽之谈（History is bunk）。"有时，历史，特别是对于生活在北美的人来说，的确是一个死气沉沉的科目。但是当我们带着感情再去重新审视历史的时候，它就不再只是一堆故纸。历史既可以对我们有大帮助，亦充满危险。我们不应当将历史仅仅视为一堆躺在地上的枯叶抑或是尘封已久的古董收藏，更明智的做法是将它视作一汪池塘，时而风平浪静，更多的时候则波涛汹涌；历史就暗藏于现实的表面之下，潜移默化地影响着我们的制度、思维方式以及我们的好恶。即便是在北美，我们也免不了要时常从历史中寻求对现实问题的印证和经验教训。无论是为了群体身份认同，还是为了满足各种需求或是一件事的正当性辩护，人们总会把过去作为最有力的佐证。当你身处一个庞大的团体中时，你会体会到生命的意义，因为这个团体早于你而存在并且将比你存在得更久（这个团体还会将你身上的本质延续到未来之中）。

有时候我们还会滥用历史，创造一个对自己有利的甚至是虚假的历史，以便使我们错误对待他人的行径合理化，例如侵占他人的土地或是杀害他们。历史给予我们太多的经验和教训，我们大可在其中选取自身所需要的部分。过去也可以被我们用来达到当下的一切目的。当我们制造谎言或是只从单一的视角出发书写历史时，我们就在滥用历史。我们既可以从历史中获取经验教训，也可以滥用历史为自己服务。然而这并不意味着我们要放弃从历史中寻求理解、支持和帮助，我们应当在探究历史的过程中时刻保持小心警惕。

第一章

历史的热潮

　　近年来，包括通俗历史普及读物在内的历史作品引发人们的热烈关注，甚至在人们更关心未来而非过去的北美地区也是如此。这种现象部分是由于市场力量的推动，特别是在经济发达的国家，人们现在有条件接受更好的教育，拥有更多可以自由支配的时间，还可以更早退休。如今退休对于很多人来说，不再只是含饴弄孙、颐养天年，而历史恰恰可以让人们生活的世界变得更加有意义，甚至更加迷人有趣。再好的小说家或者剧作家也创造不出像奥古斯都、叶卡捷琳娜大帝、伽利略或者南丁格尔这样伟大的历史人物。也再没有比几千年来人类社会的历史更加精彩的动作片或者戏剧。而市场正是热情地迎合了人们渴望知识和享受娱乐的双重需要。

　　博物馆和美术馆总喜欢举办关于知名历史人物（诸如彼得大帝）或是某些特定历史时段的展览陈列。全球各地每年都会有新的博物馆建成，这些博物馆通常用来纪念历史上一些令人痛心的时刻。中国有专门展示抗日战争期间日军在华暴行的纪念馆，华盛顿、耶路撒冷和蒙特利尔则都有专门纪念二战期间犹太人遭受大屠杀的博物馆。此外，电视上有专门播放历史节目的频道（当然这些节目通常只关注历史上的重大战争或是英雄事迹）；各地的历史景点总是游人如织；历史题材的电影总是票房大卖；出版商们也能准确把握读者对于历史的热情，使得通俗历史读物的销量长盛不衰。肯·伯恩斯制作的从美国南北战争到第二次世界大战的系列纪录片，总是被各家电视台反复播出。在加拿大，马克·斯塔洛维奇制作的《人民的历史》（*People's History*）获得了几百万的观看量。由民间基金会"史实"制作的关于加拿大历史的纪录片《历史时刻》（*Historica Minutes*）备受加拿大青少年的欢迎，他们在做学校的项目作业时也会效仿节目的风格。在英国，大卫·斯塔基撰写了一系列关于英国历代君主的作品，这些作品让他名利双收，甚至像国王或女王一样妇孺皆知。

如今许多国家都设有专门机构来纪念本国的历史——许多国家都将之尊称为"文化遗产"。加拿大政府就专门设立了文化遗产部来敦促国民了解本国的历史、文化和土地，并宣称："文化遗产是我们共同的宝藏，我们继承了先人留给我们的宝贵遗产，同样也要留传给我们的子孙。"文化遗产这个概念似乎可以囊括世间的一切：语言、民族舞蹈、美食、古玩、绘画、风俗以及建筑。有些组织特别喜爱收藏老爷车、古董枪、棒球球星的卡片或是火柴盒。在英格兰，一位年轻的建筑师甚至建立了一个烟囱管帽保存与保护协会，旨在保护那些见证了英国工业革命的"时代哨兵"——烟囱。

法国曾在 1980 年将该年定为遗产年，其文化部也在近几十年间始终致力于保护文化遗产。1980 年，法国的民众曾将自己装扮成历史人物以重现他们历史上许多重要的时刻。之后的几年中，官方认证的历史遗址和历史遗迹数量大大增加。同时，博物馆的数量也越来越多，有些还专门用来展示木质鞋或是栗子林等。20 世纪 80 年代末，法国政府还设立了专门委员会以筹备 1989 年法国大革命两百年纪念活动。

法国近年来出现了越来越多的重现历史事件的活动，以纪念法国历史上特别的节日、月份、星期和日子。那些被纪念的事件种类繁多，不仅有战争开始或结束的日子、名人的生日和忌日、著作首次出版或是戏剧首演的日期，甚至还有历史上的某次罢工、某次示威游行、某个公开审判、某一次革命或者重大的自然灾害。这些纪念活动不都是由政府组织发起的，其中大部分是由本地居民或是民间人士自发举行的，例如在法国马恩河畔沙隆（即香槟地区沙隆）举办的纪念罐头发明百年的活动。[1] 不只有法国人喜欢纪念他们的过往，加拿大安大略省的帕斯曾在 1993 年举办为期一周的庆典，以纪念他们在 1893 年

1　香槟地区沙隆在 1998 年前称为马恩河畔沙隆（Châlons-sur-Marne）。罐头由出生于马恩河畔沙隆的尼古拉·阿佩尔于 1810 年发明，最早的罐头是用玻璃瓶加上软木及铁丝紧紧塞着瓶口而成。

芝加哥世界博览会上展出了一块巨大的奶酪。[1] 正如那些有远见的地方政府和企业所预见的，历史正在成为旅游业的一大支柱。

各国政府都认为恰当地重视历史、保护历史，将对当下的治理大有裨益。美国政府曾制定《国家历史保护法》（*National Historic Preservation Act*），认为更多地了解历史有助于让人成为更好的公民。该法强调美国的历史遗产必须被好好保存，"以便为美国人民提供更好的指引"。美国总统小布什于 2003 年发布了一道名为"保护美国"的行政命令，该命令也表达了类似的关切："联邦政府应当认真清点并管理好所有的历史财产，将其视为一项能够支撑各个政府部门和机构开展工作的重要资产，这些历史财产还能够促进社会活力和经济发展，并且能大大促进美国未来的发展与潜力。"

很显然，人们对历史的热情不只是因为市场规律或是政府政策，历史还可以满足人们许许多多的需求。历史可以让我们更好地了解自身以及我们所处的世界，还可以对我们的现实生活给予指导。对许多人来说，能够对过去产生兴趣往往都源于他们对自身的好奇。这是人作为生物必然会产生的现象。和其他生物一样，人类的生命有开始也有终结，而他们一生所经历的事情就居于其中。此外，由于现今大多数的人都生活在一

1　1893 年芝加哥世博会上曾展出了制作于珀斯的一块"巨大奶酪"，该奶酪重 2.2 万磅。

个飞速变化的世界之中，过去人们认为会理所应当长存的关系——无论是地缘关系还是诸如家人或朋友的人际关系——现今也变得不再稳定。故而现在人们保护历史遗产的热潮，一个重要方面就是因为人们害怕失去一些价值连城或是独一无二的历史宝藏，无论是正在凋亡的濒危语言还是年久失修的历史建筑。很多时候那些致力于抢救历史遗产的人多么希望时间能够停止。例如纽约关于拆除下东城廉租公寓的争论，有些人希望将这些公寓翻建为更现代舒适的房子，而有人认为这些建筑应当被保存下来，正如廉租公寓博物馆的发言人所说："这些建筑可以让我们记住过去人们在里面生活和工作的经历。"[1]

如今全球有 1900 多万人注册了社交网站"与友重逢"（Friends Reunited），这个网站可以帮助用户找到久未联系的朋友，甚至儿时的伙伴。[2] 同时，越来越多的人通过调查自己家族的族谱，去了解更多关于自己的历史。伦敦纹章院（British College of Heraldry）的一位发言人表示，人们的这种心情是可以理解的，因为"在一个用过即丢的快餐社会中，一切事物都是转瞬即逝的"。许多国家的档案馆现在设立了特藏区，可

1　纽约下东城在 19 世纪后是血汗工厂的集中地区，工厂中的底层移民就近居住，形成了下东城的廉租公寓群。1930 年廉租公寓遍布的柯查街面临改造，但廉租公寓并没有被一拆了之，柯查街 97 号和 103 号被列为美国国家历史遗址，并在此建成了美国历史上第一个以早期移民的艰难时日为主题的博物馆。

2　该网站成立于 2000 年，已于 2016 年关闭。

供人们探寻自己家族的历史。正因为摩门教有着搜集教区名册、族谱和出生记录的习惯，盐湖城的摩门教总部得以保存遍及全球的教众的历史档案。互联网的普及让探索家史变得更加便捷，如今有许多网站可以帮助用户搜寻自己的祖先，有些网站甚至对一些家族有专门研究。在加拿大和英国，有一个很受欢迎的电视节目《你认为自己是谁？》（*Who Do You Think You Are?*），这个节目通过对族谱的追溯，满足了普通观众对名人的幻想和寻找根源的渴望，而名人的家族树总是会显现惊人的结果。

得益于近年来科技的飞速发展，我们不必再依靠纸质的档案记录就可以追溯过去。DNA 解码技术可以让科学家们通过一个人的母系血脉找到其祖先，并找到其他具有相同基因的人。随着基因库中数据的不断积累，人类在历史上不断迁徙的脉络可以被越来越清晰地还原出来。这对于那些书面记载残缺却又想了解自己家族历史的人来说是一大福音，对于那些根本没有关于家族历史文字资料的人来说更是一大喜讯。在 19、20世纪，为了逃离欧洲动荡不安的生活而跟随移民大潮来到新世界的人们，往往都和他们在欧洲的过往失去了联系，有时候连他们家族最早的姓氏都已经模糊。对美国的那些奴隶后代而言，要找到他们祖先在非洲时的历史简直是天方夜谭，而要了解他们的先辈来到美国后的历史同样希望渺茫。然而他们身上的 DNA 恰恰是打开认识自己的大门的最好的钥匙。早在 2006

年美国公共电视网（PBS）就推出了一档名为《非裔美国人的生活》（*African American Lives*）的节目，这个节目分析了许多美国知名黑人的 DNA，其中就有奥普拉·温弗瑞和昆西·琼斯等。很多时候，这些知名黑人的家史平淡无奇，不像传说故事中描述的他们的祖辈是国王的后裔。但有时候结果出人意料，例如佛罗里达的一位并不知名的统计学教授被发现是成吉思汗的后裔。不知这位教授会不会在得知结果后将自己的管理能力归功于令人敬畏的先祖。

近来这股追寻个人家史的热潮似乎有一些自我陶醉的势头，但这也是人们的一种渴望，他们想了解为什么自己现在会是这样，为什么他们所处的世界会是这样——人们到底应该在探究自我的事情上花费多长时间呢？如果人们能站在更宏观的视角再来审视历史的话，会发现造就他们命运的不只是几个特定的个体，而更多的是整个社会和文化。一些族群的成员可能会发现自己对其他族群的看法延续了本族群的一贯认知，而其他族群对他们的认识也是如此。历史塑造了人们的价值观以及恐惧、抱负与爱恨情仇。当我们开始意识到这一点的时候，我们就开始理解历史所蕴含的力量。

即使有人认为自己正在走向全新的开始，但他们的行为模式实际上依然受到过去的影响。我们曾看到过多少信誓旦旦的革命家宣称将建立新的世界，但在不经意间依然走回了他们曾推翻的旧制度与旧习俗。例如，拿破仑在法国大革命之后建立的帝国政权，效仿了大革命曾推翻的波旁王朝。苏联的高层领导仍像过去的沙皇一样住在克里姆林宫里，斯大林就曾经将沙皇伊凡四世和彼得大帝视作自己的先辈，我猜测如今的俄罗斯总统普京也有类似的想法。

正如马克思所言："人们自己创造自己的历史，但是他们并不是随心所欲地创造，并不是在他们自己选定的条件下创造，而是在直接碰到的、既定的、从过去承继下来的条件下创造。"[1]

然而在冷战期间，历史似乎不再有过往那般的影响力。1945 年之后，整个世界被割裂成两个意识形态对立的阵营，双方都宣称自己将代表人类未来发展的方向。美国领导的资本主义阵营和苏联领导的共产主义阵营都认为他们能够建立新的社会，甚至创造出新的人类。在这样的国际背景之下，此前国际间的各种矛盾和冲突都显得无足轻重，例如塞尔维亚和克罗地亚之间、德国和法国之间、基督教与伊斯兰教之间的冲突，都不再重要。就像列夫·托洛茨基的名言说的，那些都应该被扔进"历史的垃圾堆"。[2] 当然，冷战期间大规模核武器战争的威胁始终存在，尤其是 1962 年古巴导弹危机，当时似乎世界末

---

1 详见卡尔·马克思撰写的《路易·波拿巴的雾月十八日》。

2 这种说法在 19 世纪就开始在西方使用。使其流行开来的事件是，托洛茨基在彼得格勒第二次苏维埃大会闭幕时的一番言辞。1917 年 10 月 25 日，布尔什维克在苏维埃内获得主导地位，托洛茨基对孟什维克（少数派）说道："你们是可怜的、被孤立的人！你们破产了。你们玩完了。从现在起，去属于你们的地方吧——历史的垃圾堆！"

日就要来临。然而危机最终得以解除，人们也就日渐淡忘了这一事件。此后，甚至有些人从积极的角度来看待核武器：毕竟各个拥核大国之间都不愿承受核武器的极大损害，故而他们也不敢对其他拥核国家使用核武器。当时人们都觉得美苏两国可能会一直处于战争与和平之间的困局之中；与此同时，许多发达国家会显现空前的繁荣景象，而一些新兴的经济体也会迅速崛起，这些经济体多数是亚洲国家。

我的学生往往认为我教授历史这门科目是十分幸运的。他们觉得一旦你掌握了某个时段或是某一战役中的事件，你就不必再去反复思考它们了。学生们觉得照他们所想，历史教师不必反复备课的感觉很棒。毕竟历史都是过去的事情，不会再发生变化了。他们似乎觉得研究历史与从地里挖出一块石头并无二致。做这些事情也许非常有趣，却不是每个人都必须要做的。他们总认为过去发生的事情跟现在有什么关系呢？毕竟我们都活在当下而不是过去。

当冷战在 1989 年随着苏联解体[1]而结束的时候，全世界都弥漫着一股非常短暂的乐观情绪。当时人们集体忽视了一个事实，那就是 1945 年第二次世界大战结束之后，国际局势变得越来越复杂。大多数人都认为美国作为仅存的一个超级大国，将会建立一个仁德的国际霸权体系。而其他国家和社会将从中

1　苏联解体的具体时间是 1991 年 12 月 26 日。此处以 1989 年是苏联东欧社会主义阵营发生剧变的起始。

获得"和平的红利"，因为各国都不再需要有高额的军费开支以扩充军备。似乎"自由民主制度已经大获全胜，而马克思主义却在日渐消沉"。正如弗朗西斯·福山所预测的，历史已经终结了，世界将会迈入一个安定、繁荣与和平的千禧年。

但实际上，国际社会许多旧的矛盾和冲突依然存在，只不过在冷战期间被更大的争端所掩盖了。随着漫长的冷战宣告结束，国际局势发生了天翻地覆的变化，那些被尘封和压抑已久的矛盾再次浮出水面。譬如萨达姆·侯赛因以一段充满争议的历史为由头，悍然出兵侵略科威特。[1] 塞尔维亚人和克罗地亚人之间的仇恨与冲突有着很深的历史渊源，而苏联内部的一些族群则为他们自己过往的历史感到自豪，同时还在寻求着独立。我们很有必要去了解塞尔维亚和克罗地亚究竟是什么样的民族，亚美尼亚和格鲁吉亚究竟面临着什么样的地缘环境。米沙·格兰尼的一本关于中欧的著作，其标题就用了"历史的重生"的字眼。[2] 当然，有时候一些人会过度强调历史因素，将一切都归咎于历史上的矛盾。其中最夸张的例子就是将20世纪90年代在巴尔干半岛发生的一系列南斯拉夫内战归因于

---

[1] 第一次世界大战前，科威特是隶属于奥斯曼土耳其帝国的伊拉克的一个自治省份。第一次世界大战期间，英国占领科威特并促使其独立，但是伊拉克始终没有承认科威特的独立，入侵科威特被伊拉克宣传为阿拉伯民族主义以支持其合法性。科威特被宣称为伊拉克自古以来的一部分，被英帝国主义者分割，而占据科威特则是建立大阿拉伯联盟的一步。

[2] Misha Glenny, *The Rebirth of History: Eastern Europe in the Age of Democracy*.

"长久以来的种族仇恨",而这样的视角会让人忽略当时塞尔维亚总统米洛舍维奇宣扬的大塞尔维亚主义政策并挑起的一系列战争。[1] 这些政策实际上破坏了南斯拉夫内部的稳定,也造成波斯尼亚的分裂。这种过分强调历史的态度让外界的旁观者干着急,却使不上力。

　　过去二十年来,世界局势变得扑朔迷离、动荡不安,毫不意外,很多人开始将目光投向历史,希望从中获得对当下局势的答案。随着南斯拉夫的解体,关于巴尔干半岛历史的书籍开始畅销。如今,许多出版社都在忙着编辑出版关于伊拉克的历史著作,或是再版过去的旧作。T. E. 劳伦斯作于 20 世纪 20 年代的《智慧七柱》(*Seven Pillars of Wisdom*)再次畅销,尤其是受到曾参与过伊拉克战争的美国士兵的欢迎。这本书讲述了第一次世界大战期间阿拉伯人反抗奥斯曼土耳其帝国统治以获得独立的历史。我曾写过一本关于 1919 年巴黎和会的著作[2],在 20 世纪 80 年代却找不到出版商愿意出版;实际上巴黎和会奠定了现代世界的雏形。当时甚至有一家出版社说,没有人愿意去读一本讲述一屋子白人讨论那些早已被遗忘的和平协议的著

1　米洛舍维奇从 1988 年担任塞尔维亚总统后推行"大塞尔维亚主义",认为"全体塞尔维亚人生活在一个统一的国家",即在那些独立的国家中塞族人要有民族自决权。这一政策导致民族混居的地区产生冲突,引发了克罗地亚战争和波斯尼亚战争。

2　*Paris 1919: Six Months That Changed the Word*. Random House Trade Paperbacks. 中文版《大国的博弈:改变世界的一百八十天》,重庆出版社,2006 年。

作。直到 90 年代，随着国际局势的变化，这一话题才开始日渐被人们关注。

今天的世界局势已经和冷战时美苏两极争霸的局势大有不同，倒是很像 1914 年第一次世界大战爆发前或是 20 世纪 20 年代时的国际形势。在那个时代，随着大英帝国在全球的势力式微，从德国到日本再到美国，这些国家都开始挑战英国的霸权，国际局势开始变得越来越不稳定。如今美国依然保持着全球霸权，但是其势力也已经不同过去那般强盛。美国在伊拉克的军事行动再一次损害了其自身的实力，同时以中国、印度为首的亚洲国家和美国旧敌俄罗斯日渐崛起，挑战着美国的霸权。与历史上的局面如出一辙，经济问题给美国国内带来许多压力，贸易保护和贸易壁垒再次成为热门议题。随之而来的就是意识形态的危机，同历史上的法西斯主义和一些其他主义类似，如今许多宗教的原教旨主义正在挑战着自由国际主义，也在向那些阻挠他们的各种势力宣战。此外，现今世界上还存在许多非理性的族群民族主义，这种情况也与 20 世纪前半叶的局势类似。

第二章

抚慰心灵的历史

　　人们一般很难处理生活中的种种不确定的事情，这也就难怪我们总希望把握住什么东西来帮助自己，其中就包括对过去的掌握。在后面的章节中我会详细讨论历史的运用与滥用的问题，在这里我想先探讨为什么历史会突然变得如此安慰人心与引人注目。

　　首先，在如今扑朔迷离的复杂情况面前，历史可以为人们提供一个相对简单易懂的解释。

　　多年来，历史学家们都在试图提出一些宏观的范式来审视历史，或者说希望找到某个范式以解释所有的事情。对某些宗教而言，历史为它们的一些神圣的宗教目的提供了证据。对德国哲学家黑格尔而言，历史论证了他所提出的"绝对精神"的概念。卡尔·马克思又在黑格尔的哲学理论基础上，提出了他的"科学的"历史，并据此论证了历史势必将会走向完全的共产主义。对德国18世纪的大思想家约翰·戈特弗里德·赫尔德来说，历史宣示了日耳曼民族作为一个有机的整体已经存在数个世纪，尽管在政治方面日耳曼民族还未完全展现出其潜力。对帝国主义者查尔斯·迪尔克爵士而言，对英国过去的研究可以显示出不列颠民族的优越性。阿诺德·汤因比（他的研究目前被极大地忽视了）则从历史中看到了一种"挑战—回应"的模式，这种模式是指一个文明励精图治，克服种种困难，变得日渐强大；然后，就会软弱懒散，其发展也会走下坡路。与大多数西方思想家不同，中国的思想家并不把历史的发展看作一个线性发展的过程。他们将中国历史上的王朝更替视为一种循环的过程，认为不同王朝的兴替是一个永不终结的进程。在这些思想家眼中，这个不断循环的"出生—成熟—衰亡"的模式是天命注定的。

历史还可以成为逃避现实的出口，这一点时至今日或许依然如此。当复杂的现实世界正在迅速发生变化的时候，人们不知道世界究竟会向更好或是更坏的方向发展，故而人们会愿意回顾和沉浸在他们误认为的那个更单纯和简单的过去。譬如保守主义者们会想象一幅温馨的小镇的画面，就像诺曼·洛克威尔的画中描绘的场景，孩子们无忧无虑地在花园中玩耍，没有成年的劫掠者们来打扰他们，男女老少都恪尽职守，幸福地生活，每天都是阳光普照的美好日子。在加拿大，有一位名字非常梦幻的艺术家叫作特丽莎·罗曼斯，她出售的上千幅画作都描绘了身着围裙和水手服的孩童们。这些画呈现的景象仿佛是在维多利亚时期，那里马儿拉着马车和雪橇，烛光在圣诞树上摇曳，家家户户都围坐在炉火旁。在这位画家的眼中，没有人的生活经历过悲伤、饥饿或是衣衫褴褛。左翼人士总是爱提起他们过去的光辉岁月，彼时工人运动正在如火如荼地进行着，工人领袖们也牢牢掌握着权力。如今仍有许多对第二次世界大战历史感兴趣的人，他们当然都支持作为战争胜利者的同盟国一方，并认为这是最后一场能够在道德上明确分清正义与邪恶的战争。德国纳粹、意大利法西斯主义者以及日本军国主义者都是确凿无疑的坏人，他们是一定要被打败的（事实上，加拿大也曾经和斯大林结盟，但这件事被人们忽视掉了）。第二次世界大战之后，战争中的立场已不再如此鲜明。尽管朝鲜战争的确阻止了苏联的扩张主义，但道格拉斯·麦克阿瑟将军试图将其变为对中国的战争，这使得美国内部产生分歧，并导致了美国与其他盟国之间的对立。越南对美国来说是一个梦魇，而时至今日，伊拉克正在将美国拖入另一个泥潭。

我们如今生活的时代也缺乏一些伟大的英雄人物，又或是我们太过于熟知自己的领袖们身上的缺点，这或许可以解释人们对于丘吉尔的狂热崇拜现象，这种狂热的崇拜在北美更甚于在英国本土。对英国人来说，他们所了解的丘吉尔，不只有第二次世界大战中的英明领导；他们更容易记住的是丘吉尔在他漫长的政治生涯中的一些失败和错误。而对生活在北美的人们来说，他们心目中的丘吉尔更像是一个单枪匹马英勇对抗轴心国的大英雄，他的神机妙算帮助同盟国取得了最终的胜利。但人们都已不记得丘吉尔在第一次世界大战中曾主导了死伤惨重的加里波利之战[1]，也不记得他曾在20世纪50年代年老力衰之时依然坚持担任英国首相。很显然，小布什将自己与丘吉尔相提并论时所指的是人们印象中作为英雄的他，而非那个失败的丘吉尔。

政治领袖们一向十分清楚将自己与历史上的伟人相提并论给他们带来的好处。这不仅可以带来崇高的名望，还可以为他们的统治提供作为国家正统接班人的合法性。斯大林将自己与伊凡雷帝和彼得大帝相提并论，试图继承他们的衣钵建立一个更强盛的俄罗斯帝国。萨达姆·侯赛因反过来又将自己比作斯大林，或是伊斯兰英雄萨拉丁，誓言要发扬伊斯兰教和伊拉克的光辉历史。伊朗的最后一位国王认为自己可以再现前居鲁士大帝或是大流士一世时的辉煌。

如今我们对英雄的渴求，不只是政治上的权宜之举。譬如我们迫切地想在那些经历战争的老兵去世前，了解他们过去的经历，从他们身上获得宝贵的经验。同时我们也非常在意如何隆重地纪念他们。如今许多曾经参加过第一次世界大战的老兵都相继离世，面对这样的局面，不少国家开始考虑为本国最后一位参战老兵举办国葬，这种礼遇通常都是只为像丘吉尔那样

1　1915年1月时任英国第一海军大臣的丘吉尔批准了海军攻取达达尼尔海峡的计划（即加里波利之战），但是海军最后无法攻下该海峡，却付出了巨大代价。

的国家政要举办的。然而，随之而来的讨论却令人毛骨悚然，例如，该如何确定谁才是真正的最后一位老兵。如果这些老兵在战后迁居国外，他们还算是本国的老兵吗？如果某国政府在给予最后一位老兵的国葬礼遇后，又新发现了一位老兵，应该如何应对？法国在2006年就发现了两名被埋没已久的一战老兵。

然而那些老兵和他们的家人似乎对这些隆重的场面并没有太多的热情。2005年，时任法国总统希拉克宣布将把法国最后一位一战老兵葬于一个特殊地点，也许就是先贤祠时，一位参加过第一次世界大战的老兵却对此大加挞伐。这位老兵名叫拉扎尔·蒙蒂塞利，他对法国总统的举措很坚定地说道："如果我是最后一个老兵的话，我不希望葬于特殊的地方。因为这对先于我逝去的战友们来说是一种侮辱，更何况这种礼遇不会让我感到任何的荣誉。"他只想在去世后有一个简简单单的纪念仪式，事实上他也的确得到了。因为在他看来，相较于那场曾让无数人殒命的战争，国家不应该只把注意力放在一个人身上。于是，希拉克匆匆撤销了自己的决定，法国政府也不再高调地提出借举办葬礼的机会来象征欧洲的和解。

加拿大有一个自治领学会，这个机构所发掘出的历史经常会令加拿大人为自己对本国历史知道得如此少而感到羞愧。他们向加拿大政府提议要为加拿大的最后一位一战老兵举办国葬。起初加拿大政府对此并不十分感冒，直到面对公众舆论高涨的呼声，才允许下议院发起对这一提议的投票。毫不意外的是，没有人敢对这一带着情绪的议案表示反对。然而，同法国类似的情况再次出现了，那些老兵和他们的家人反倒对于这一提议不抱有什么热情。当年投票时有两位仍健在的加拿大老兵，其中一位叫约翰·巴布科克的身体十分硬朗，从20世纪20年代开始就一直生活在美国。令人尴尬的是，这位老兵在一次访谈中表示，在第一次世界大战时他一直在试图破除自己的童男之身。

一般来说，举办国葬更多是出于活着的人们的意愿。英国保守党党魁伊恩·邓肯·史密斯曾注视着他的选民说道，国葬是一种能够纪念整整一代人的方式，这代人见证了"平民的世纪"的诞生。[1] 当意大利政府用最高的国葬礼遇安葬最后一位一战老兵之后，时任意大利总统卡洛·阿泽利奥·钱皮将这场纪念活动视为"一个活生生的珍贵的见证，它见证了那些曾经为国捐躯的年轻人……他们的奋勇作战是为了让我们的国家更伟大、更自由、更团结"。在加拿大，自治领学会会长拉迪亚德·格里菲思表示："如果有机会，能让加拿大政府和公民共同勇敢而又慷慨地去纪念我们共同的历史和公认的价值观的话，那一定是纪念最后一位曾参加过第一次世界大战的老兵了。"

---

1 "平民的世纪"是曾任美国副总统的亨利·阿加德·华莱士提出的。1942年，华莱士发表了名为《平民的世纪》的演讲，描绘了一个"无匮乏之虞"、拥有全新秩序、普通人取代权贵在政坛中起决定作用的战后世界。

我们有时候呼吁人们关注过去，是希望历史能够帮助我们重塑价值观，因为至少在一定程度上我们已经不再相信如今那些所谓的权威。我们怀疑那些政客只是维护自身利益的尸位素餐者。同时事实也证明，太多的大公司高管被发现要么在做假账，要么在给自己发放过于丰厚的薪酬。人们对八卦新闻的狂热充斥于畅销杂志《哈喽!》（*Hello!*）和《名利场》（*Vanity Fair*）之中，但是这也让人们感到深深的不安，觉得世上不再有好人和诚实的人。[1] 我们对这类吸引人眼球的新闻知道得太多了，无论是美国前总统比尔·克林顿的性丑闻，还是英国歌手布兰妮·斯皮尔斯的涉毒丑闻。我们还读过许多诸如医生出现失误或是教师讲授谎言的新闻报道。这些新闻毫无疑问是发生在过去的，却没有受到强烈关注，就像如今的媒体和互联网对热点新闻的关注那样。尽管我们对历史的了解越来越少，但出乎意料的是，历史依旧在抚慰着人们的心灵。

对于大多数生活在欧洲或北美的人来说，他们身处一个世俗的世界，历史在其中的作用就是向他们揭示好与坏、善与恶。如今，宗教已经不再像过去那样可以为人们规定道德

---

1 《哈喽!》是英国第一份名人杂志，1988 年在英国创刊，主要报道外国王室要员、英国贵族、一线名人。《名利场》是一本美国文化、时尚和政治杂志，最初出版于 1913 年，1935 年后因为大萧条导致销量大幅下降而停刊，1981 年复刊。常常刊出当红明星的肖像照、写真和合影，报道多为明星私生活，同时也包括新闻、评论、随笔等内容。

准则、传达价值观。近年来传统的主流新教的教众数量锐减。[1]
的确，福音派的教会如今仍吸引许多教众加入，但该教派在宗
教之外过于强调娱乐与社会参与。[2] 根据调查，有数百万人声
称自己是重生基督徒，然而他们并不十分了解自己究竟在信仰
什么。[3] 甚至那些坚持认为世间存在神灵的人，也有可能会怀
疑冥冥中的"他"或"她"怎么会允许 20 世纪发生那么多邪
恶的事情。此时，专门研究过去的历史学科恰恰可以填补人们
心中的这个空缺。历史不一定具有神性，但历史往往是可以超
越人性的。历史是我们每个人的权威，它可以为遭受不公的我
们平反，可以对我们的行为作出裁决，还可以谴责那些反对我
们的人。

据报道，近来小布什总统读了许多历史类书籍，并且从中

1　主流新教是指美国的一些新教教会。这些教会大多持自由主义神学立场，
和福音派、基要派新教教会相对，现有 2100 万美国人属主流新教的教会。
在 20 世纪中期之前，主流新教的教会曾经是美国新教的主要教派，并代表
大多数新教教会。但现在这些教会在 20 世纪 70 年代后人数开始下降，已
经不及组织性和凝聚力较强的福音派新教教会。

2　福音派是基督教新教的一个新兴派别，强调基督徒个人跟耶稣基督之关系，
其主要特征是直接通过传播基督来到的福音及传递基督的信息，达成耶稣
教义的传播。在 20 世纪 70 年代末，福音派成为美国社会的主流教派，逐
渐参与主流政治，相比其他信众减少的主流教派，福音派在世界各地呈日
益增长的趋势。

3　在基督教中，重生指人"属灵的再生"，与每个人都经历的身体的第一次出
生相对。"重生"一词与自 20 世纪 60 年代后期以来从美国开始，后来遍及
世界各地的福音复兴运动有着广泛的联系。"重生"被用来指一种激烈转变
的经历，日益成为一个术语，用来识别虔诚的信徒。

获得了很大的安慰，因为他的总统任期已接近尾声，民意支持率也已跌到谷底。他将自己与曾经的哈里·杜鲁门总统相比，1945 年时杜鲁门以副总统身份接替任期中去世的罗斯福出任总统，当时经验尚浅的杜鲁门刚刚担任副总统不久。更不利的是，罗斯福在任时总爱亲自过问所有的重要议题，因此杜鲁门接任总统时毫无准备，也经常被媒体戏称为来自密苏里州的男装店老板。在他的任期内，他的民意支持率和小布什如今的同样低迷。就此人们常拿他的名字开玩笑道："犯错乃人之常情（To err is Truman）。"[1]

然而历史比现实要仁慈许多，如今历史学家和一些权威人士都认为杜鲁门是 20 世纪表现比较好的总统之一。当时他意识到自己面对的是一个敌意日渐增强的苏联，同时欧洲的整体情况也在恶化，但他正面迎接了这些挑战。他和他的行政班子作出一系列决策，为美国在冷战中得以与苏联抗衡奠定了坚实的基础。他们推行的一些政策帮助西欧摆脱了苏联的掌控，包括马歇尔计划、史无前例的和平时期防御措施以及建立北大西洋公约组织。此外，杜鲁门还采取一系列行动宣示美国已经做好准备遏制苏联影响力的进一步扩大。在 1948 年到 1949 年苏联封锁西柏林期间，美国同西方国家一道向西柏林空投了大量物资，以此打破苏联的封锁。1950 年杜鲁门又出兵朝鲜，与

1　英文中杜鲁门的发音类似英文单词"真实的人"（true man），这句话双关本意是指每个人都会犯错，但引申是在讽刺杜鲁门总是在犯错。

苏联在朝鲜半岛角逐。很多人时至今日依然认为，正是杜鲁门政府的举措，才使得美国有能力与苏联集团在冷战期间长时间对抗，并且在 1989 年之后取得最终的胜利。

在 2004 年美国总统大选中，小布什反复提及杜鲁门，并且多次表达对他的尊崇之情。随着小布什的支持率一路走低，他提及杜鲁门的次数明显增多。在 2006 年 12 月，他曾告诉国会的领袖们，尽管杜鲁门在当时不受欢迎，但历史已经证明他在那时的一些决策是正确的。同时，小布什还喜欢将反对恐怖主义和伊斯兰原教旨主义的战争与冷战相提并论，认为这场旷日持久的战争将会同冷战一样持续好几代人。在 2006 年 5 月西点军校毕业典礼的演讲中，小布什再次将自己暗中比作杜鲁门，并且强调尽管杜鲁门在任时饱受批评，但他的所作所为都是正确的。小布什说："正是杜鲁门采取的行动、建立的制度、促成的同盟、建立的原则，为美国能够在冷战中最终取胜奠定了坚实的基础。"然而小布什没有提到一个令人尴尬的事实，那就是杜鲁门是与他针锋相对的民主党人。当然他也没有提到另外一个他与杜鲁门的主要差别：杜鲁门的政策大多都是通过与联合国合作来推行的，而非小布什那样越过联合国的框架。广大媒体和民主党人都没有忘记这一点，但白宫希望能把这些对小布什不利的细节敷衍过去。白宫新闻发言人托尼·斯诺否认小布什曾将自己与杜鲁门相比，而将小布什的言行解释为他正在提醒美国公民们，与冷战时美国所处的国际局势类似，美国面对的是那些被意识形态和统治全球的野心所驱使的敌人，要击溃这些敌人需要花费很长的时间。

如果历史是一个我们可以向他申诉的法官，那么有时候他也会反对我们。历史会在我们犯下错误的时候，提醒我们过去的某些人在某个时间也面对过类似的问题，但他们选择了与我们不一样甚至更好的解决办法。小布什总统没能及时处理好伊朗问题，即使伊朗在中东地区，特别是对伊拉克来说，有着很大的影响。[1]小布什的批评者们依然记得，美国历史上还有一位总统也面临过类似的局面，当时美国深陷于一场不可能赢的战争之中，同时也在渐渐失去全球霸权。时任美国总统理查德·尼克松决定让美军撤出越南，并且决心要重建美国的声望，而实现这些决策的关键就在于改善中美关系。尽管当时美国和中国的关系仍处于对立状态，双方已经几十年没有正式的外交往来，尼克松却勇于向前迈出第一步，努力寻求彼此间最大的共识，并且希望中美两国可以相互帮助。我曾写过一本关于尼克松 1972 年中国之行的著作《当尼克松遇上毛泽东》，当

1　"9·11"事件后，小布什将伊朗、伊拉克等国列为支持恐怖主义的"邪恶轴心"国家，并出兵伊拉克发起"反恐怖主义"战争。但他并未很好地遏制伊朗核武器的发展，使得伊朗成了一个拥核国家。

2　*Nixon and Mao: The Week that Changed the World* . 该书以大量档案（包括尼克松中国行解密档案）、访问与口述资料立体呈现了中美破冰始末，被《纽约时报》评论为"第一本关于中美建交的史料翔实的著作"。中译本《当尼克松遇上毛泽东：改变世界的一周》，天津人民出版社 2017 年 1 月出版。

我在美国为这本书做演讲的时候，经常有人会问我一个类似的问题：如果尼克松是美国现任总统的话，他会不会主动前往德黑兰同伊朗谈判，以寻求帮助使美军撤出伊拉克。

作为一个法官，历史也会让那些自称无所不知的领袖露出马脚，让他们的话变得不那么令人信服。对于独裁者来说，或许因为他们对自己所编造的谎言了如指掌，故而对于历史的力量也十分了解。于是，这些独裁者总试图改写、否定或是毁坏关于过去的各种记述。法国大革命中的罗伯斯庇尔和 20 世纪 70 年代柬埔寨的波尔布特都打算从零开始建立一个新的社会。罗伯斯庇尔所推行的法国共和历和波尔布特设立的"元年"都是为了清除关于过去的痕迹，并且向人们指出其他将社会组织起来的方法。[1] 关于最早统一中国的秦始皇，在许多史书中都有关于他焚书坑儒的记载，他借此毁掉了早期中国的历史，并且编写了他的版本的历史。此后中国历朝历代的君王虽然不像秦始皇那样残暴，但他们也一样会写下只属于他们的立场的历史。斯大林曾将他的政敌托洛茨基从所有的书本、

---

[1] 法国共和历是法兰西第一共和国时期的革命历法，在法国大革命时期所采用，由数学家约瑟夫·拉格朗日、加斯帕·蒙日和诗人法布尔·代格朗汀协助制定。该历法规定法兰西第一共和国诞生之日为"共和国元年元月元日"，即 1792 年 9 月 22 日。虽然已经废弃不用，但当时的法国历史事件都是用这种历法记载的，如热月政变等。

1975 年波尔布特领导的红色高棉推翻朗诺政府后，将该年设为了"元年"，并表示要摈弃所有历史和传统，通过劳动教育来打造一个全新的高棉民族。

照片以及录音中完全剔除，直到乔治·奥威尔在一本小说中将托洛茨基以动物的形象呈现出来。[1]关于托洛茨基的档案显示，斯大林实际上不是苏联缔造者列宁的正统接班人，同时斯大林在苏俄国内战争中也没有为布尔什维克最终击退敌人取得胜利作出很大的贡献。

当然，他们对于历史的态度从未阻碍他们将自己塑造成一个神话。古代的独裁者为自己设立塑像和纪念碑、营造陵寝，近代以来他们开始用照片和电影为自己歌功颂德。斯大林曾派人编写了以他为中心的苏联共产党党史[2]，在这一版本中只有斯大林和列宁两个人对苏联的发展建设有着不可磨灭的贡献。他们与无数敌人斗争，但那些敌人的名字都没有出现在史书之中。秦始皇为自己建造了一座巨大的陵寝，象征着他自己可以永垂不朽，功绩流芳千古。在麦加，沙特的宗教和政治领袖试图用一种与众不同的方式神化先知穆罕默德。他们删除了史书中所有关于他的记述，以此将他与那些有文字记录的凡人区分开来。宗教警察会禁止朝圣者在一些特殊的地方祷告，诸如传闻中穆罕默德第一次接收到神讯的山洞。在这些地方祷告被视为一种盲目的偶像崇拜。在过去半个世纪里，穆罕默德以及他的家人曾居住过的地方都被一一拆除，甚至夷为平地。根据海

1　这里奥威尔的小说是指《动物庄园》，奥威尔用"雪球"这个角色代表了托洛茨基，而用"拿破仑"的形象代表了斯大林。

2　指1938年10月出版的《联共（布）党史简明教程》。

湾研究所的报告，仅仅在过去二十年中，麦加就有 95% 的古建筑被人为摧毁，这些建筑都有超过一千年的历史。

我们对历史的信念，往往还会上升到希望通过对过去行为的道歉和补偿来纠正过去犯下的错误。这里有一些很好的案例，可以展现个人和团体如何承认过去犯下的过错，并且主动对过错提供补偿。在第二次世界大战时，瑞士的银行业曾纵容纳粹的许多罪行并且从中获益良多，其中最大的收益就来自他们没收了许多犹太人的个人财产。因此他们理应向那些被没收财产的犹太人后裔给予赔偿。战后的许多年间，德国政府向被希特勒政权杀害的犹太人家属公正地支付了应有的赔偿。同样，加拿大政府和美国政府也应当有义务，向那些在第二次世界大战时被非法剥夺财产的日本人进行赔偿，他们在战争期间被囚禁关押在集中营里。其中许多人早已是加拿大或美国公民，因此这些集中营的合法性本身就存在争议。[1] 两国政府在战后也向那些集中营的幸存者道歉和赔偿。以上这些案例中，罪行的受害者与施暴者之间的关系是非常清楚的。

然而，这两者间的联系往往并不那么明晰，对当下来说，公开道歉会有更大的政治意义。伊丽莎白女王曾向新西兰的毛

1　1941 年 12 月 7 日珍珠港事件后，美国和加拿大分别在本国内对日裔美国人、日裔加拿大人进行了扣留、转移和囚禁。美国政府将约 11 万居住在美国太平洋沿岸的日裔美国人囚禁在各州的集中营内。加拿大也有 2 万余人被囚禁于哥伦比亚省的集中营中。

利人道歉，因为英国在 19 世纪曾非法占据毛利人的土地，但女王的道歉并不意味着她需要承担责任。相反，新西兰的社会和政府正在努力解决与毛利人之间悬而未决的问题，同时也在设法补偿毛利人过去所遭受的损失。2004 年，3 位美国参议员提出一项议案，希望政府向所有的美国原住民道歉，因为"长久以来，美国对原住民的政策都是大肆掠夺破坏，缺乏周密考虑"。然而持反对意见者发现，这几位参议员之所以会提出这项议案，是因为在选举中，有几个州的原住民选票对于他们的当选非常重要。最终这项法案并未通过。

对于那些努力应对过去曾发生过的惨案的社会来说，愿意承担责任并作出悔过可能是有益的。在南非，随着种族隔离制度的结束，黑人和白人的公众人物都开始讨论，如何才能让过去的恩怨不再造成社会分裂，并且在此前提下让南非继续前进。在 20 世纪 80 年代末，南非时任总统弗雷德里克·威廉·德克勒克和他领导的代表白人的国民党，与纳尔逊·曼德拉及代表黑人的非洲人国民大会商讨了结束南非种族隔离政策的问题，他们共同面临的挑战，就是如何将南非的政权平稳地交接给黑人为主的新政府。其中的一大困难就是，如何保护此前处于压迫者位置的白人不会因为当初服从上面的指示而受到惩罚，如过去的警察和国家安全部队。同时还需要安抚那些过去受到压迫、希望寻求复仇的黑人。双方经过艰难的协商，终于达成一项共识——成立一个专门委员会来审查过去，这个委员会有权力对证人特赦，还能对如何补偿种族隔离受害者提出建议。1995 年，在南非首次举行多种族选举不到两年后，南非国会通过了《国家团结与和解促进法案》（*Promotion of National Unity and Reconciliation Act*）。真相与和解委员会从 1996 年春季开始举行听证会，并在两年后发布了最终调查报告。这是一次不同寻常而又令人感动的经历，它将南非历史上种族隔离带来的罪恶公之于众。委员会在南非各地总共举行了 140 场听证会，并从种族隔离政策的受害者那里收集了 22000 份申诉。此前白人政府中的 7000 位工作人员都申请了特赦。那些曾担任过秘密警察的人站出来承认自己曾经迫害或杀害过他人。那些黑人目击者在回顾自己和家人过去的遭遇时声泪俱下。当然，真相与和解委员会不可能抚平过去所有的创伤。同时，对白人的特赦也非常不受黑人的欢迎，对黑人赔偿金的支付非常缓慢甚至时断时续。尽管如此，在 1998 年该委员会结束所有听证会时，南非各肤色和各阶层的人们共同审查、处理了种族隔离时期的历史记录，并且达成了以此为起点团结一致向前、共创未来的共识。

然而，让一个社会为那些发生在不同历史时代背景与不同信仰下的事情而道歉，一定是有益处的吗？政客或某些人士往往很快就能做出各种各样的道歉，即使人们不清楚他们究竟为什么要为这些事负责，或是这些道歉究竟能带来什么益处。比如，罗马教皇曾为十字军东征而道歉。英国诗人约翰·贝杰曼的女儿曾向伦敦附近的一个城市道歉，因为贝杰曼的一首诗中曾写道："来，可爱的炸弹，请将斯劳城夷为平地！此地早已不适人类居住。"[1]20世纪90年代时，美国总统比尔·克林顿曾为奴隶制度道歉，英国首相托尼·布莱尔也曾为爱尔兰的马铃薯饥荒道歉。[2]英国伊丽莎白一世时期著名的海盗和奴隶商人约翰·霍金斯爵士的后人，也曾身着印有"对不起"的T恤衫，在冈比亚的本地居民面前跪下道歉。

　　在加拿大，每一届联邦政府基本都在为他们的前任道歉，有时候甚至会为之前的一些政策进行赔偿，这些政策的的确确令人们非常反感。这些道歉和赔偿的过程中也产生了形形色色的问题。加拿大曾经向来自中国的移民征收人头税，政府希望借此来阻止"东方人"在加拿大定居，这无疑是因为曾经盛行的种族主义。[3]然而，如今的加拿大政府有必要向当初交过人头税的华人后裔们再进行赔偿吗？如果将那些用于赔偿个人的资金转付于全体的华人社区，是不是可以有更大的意义呢？这

1　斯劳（Slough）曾是英国新潮、城郊化、轻工业以及统一规格住宅区的代名词，一向保守英国传统的贝杰曼写下这首诗表达了对英国工业时代同质化生活的批判。

2　1845年到1852年七年间，英国统治下的爱尔兰由于主要粮食马铃薯连年歉收，发生了大面积饥荒。爱尔兰人口在饥荒期间减少了四分之一。

3　从1885年起，加拿大政府开始向华人征收人头税，并且在1923年通过了《排华法案》。2006年，加拿大政府首次为人头税和《排华法案》向加拿大华人道歉，并且向健在的人头税受害者和其他受害者遗孀共约400人每人补偿2万加元。

笔赔偿到底多少才是足够的呢？遗憾的是，不同团体之间就赔偿事宜的争吵久持不下，他们都宣称要代表华裔加拿大人来决定政府的赔偿究竟应该如何分配。

对于历史上的一些决策，我们对它们的批评、反思甚至是平反，究竟应该到什么程度呢？英国政府最近宣布，第一次世界大战期间军方不应该处决临阵脱逃的士兵。于是，英国政府给这些士兵平反昭雪。但英国著名记者马修·帕里斯对此表示怀疑。他质疑英国政府重新复查几十年前的判决结果的行为是否正当："我怀疑我们如今是否真的能够恰当评价那些三代人之前的审判结果，当时的各种情况都与我们现在不同，尤其是当时的道德标准要严格许多。"接着他又继续问道，军队如果没有严明的纪律，还能够运转下去吗？这些纪律就包括严厉惩罚违抗军令或是临阵脱逃的士兵。没有人愿意在战场上冒险付出生命，因而处决逃兵是一项可以维持军队凝聚力、防止军队变成一盘散沙的有效手段。我们可以说世界上本不应该发生战争，军队也是不应该存在的。然而在我们理想中的和平来临之前，我们需要武装力量来保护自己，同时也帮助我们推行政策。

加拿大政府近来就非常热衷于尝试改写一些过去的历史，比如关于过去在战时囚禁一些特定种族的事情。在两次世界大战期间，加拿大政府都囚禁过那些被认为属于敌对国家的人。第一次世界大战时，加拿大与奥匈帝国交战，当时在加拿大本土有许多来自奥匈帝国边境的乌克兰人。或许这些乌克兰人正是因为不满哈布斯堡王朝的统治才选择离开故土，当然这些人里可能有一部分依然效忠于他们的旧君主。的确，1914年8月，一位身处温尼伯（Winnipeg）的乌克兰主教号召他的教众进入美国，这样他们就可以回到故土继续为他们的君主弗朗茨·约瑟夫一世征战。加拿大政府在当时是否应该借机让这些人回到他们效忠的祖国呢？加拿大政府非但没有这么做，反而囚禁了他们。英国和澳大利亚政府也采取了同加拿大政府类似的做法，囚禁了来自敌对国德国的居民，尽管其中很多人早已在当地生活了几十年。

　　第二次世界大战期间，各同盟国政府也都囚禁了许多日裔、德裔和意大利裔的本国居民。我们如今知道轴心国最终在战争中落败，但当时各同盟国做出这项决议时，他们并不知道战争的结果会是什么。而且那三个轴心国都满怀信心地期待着在同盟国中的本国移民可以帮助自己，这一点非常令人不放心。各同盟国若是忽视那些来自轴心国的移民对德国纳粹、意大利法西斯和日本军国主义的支持——实际上也的确存在——这些国家是否要为自己的疏忽而负责呢？其中不可原谅的一点是，各同盟国基本上没有对轴心国移民进行详尽的忠诚测验，来分辨他们是否真的支持轴心国。在英国，绝大多数所谓的"外来敌人"是来自德国和奥地利的犹太难民。但他们也一样被关押在集中营中，比如许多人就被关押在马恩岛上。有超过7000人经海路被转移到了加拿大和澳大利亚，其中有几百人在阿兰多拉之星号（Arandora Star）被击沉的事故中丧生。此外，更加令人发指的事情是强行掠夺这些人的私人财产。在美国和加拿大，被囚日裔的私人财产遭到了偷窃、破坏和投机商人的低价变卖。两国政府在战后也都对此作出了赔偿。

话语是廉价的——尽管它们可能会在行动上付出昂贵的代价——政客们就总爱表现出一副事事关心、对任何事物都十分敏感的姿态。此外，对过去的道歉似乎可以作为在现在不作为的一个借口。澳大利亚政府一向致力于解决当地原住民糟糕的生活状况（澳大利亚原住民的人均寿命要比其他居民短17年），其一系列举措中就包括解决历史问题。1997年澳大利亚的人权与平等机会委员会发布一项报告，指出从第一次世界大战到20世纪70年代间，政府将原住民的孩子们强行寄养在白人家庭中，希望借此将他们抚养成"白人"。澳大利亚的自由主义者们对此事十分震惊，澳大利亚的国家和地方政府也都对这些"被偷走的一代"表示了歉意。[1]1998年，一个民间组织举行了首次国家道歉日活动，几千名澳大利亚居民联名签署道歉本，并将它们交给了原住民部落。然而澳大利亚联邦政府

1　澳大利亚政府于1909年至1969年间实行"同化政策"。当时澳大利亚政府认为原住民"低贱无知"及"将会消失"，因此强行将10万名澳大利亚原住民儿童永久性地带往白人家庭或者政府机构照顾，以"白化"原住民，使这些澳大利亚原住民儿童与父母长期分离。

对此始终保持沉默。时任澳大利亚总理约翰·霍华德在他的任期内，始终都以"这是上一代政府的错"为理由而拒绝道歉。直到陆克文接任总理后才正式提出向原住民道歉，这一提议在澳大利亚国会上一致通过。2008年2月13日，澳大利亚原住民部落首领和其他特别人士受邀来到国会，陆克文在全国电视观众的注目下，发表了历史性的演讲："我们要为此前国会和政府曾制定的法律和政策道歉，它们让我们澳大利亚同胞受到了刻骨铭心的伤痛和难以弥补的损失。"但是陆克文在演讲中避而不谈赔偿的话题，也鲜少提及政府应该如何改善原住民部落中存在的问题，如文盲、酗酒、虐童和失业等。一位原住民的领导人对陆克文的道歉非常不满，并讽刺道："黑人仅仅得到了道歉的话语，而白人则掌握着大笔的财富。"

在美国社会中，也有一个充满争议的话题，就是政府是否应该为曾经的奴隶制道歉。黑人和白人对此的态度大相径庭：大多数白人认为没必要为好几代人以前的事情道歉，而绝大多数黑人却认为政府应该道歉。还有一小部分黑人认为政府应当对奴隶的后代们给予赔偿；相反，96%的白人都不赞成赔偿。黑人律师和活动家兰德尔·罗宾逊在2000年出版了《债务：美国所亏欠黑人的东西》(The Debt: What America Owes to Blacks)，论述了美国白人的繁荣都是建立在过去对黑人的奴役之上的。罗宾逊在书中特别指出，一些机构是依靠奴隶贸易提供的资金建立的，如布朗大学的创办者就是靠建造奴隶运输船发家的。书中所推算出的这些资金数额巨大。乔治城大学的经济学家理查德·亚美利加曾指出美国黑人被亏欠了5万亿到10万亿美元。许多黑人已经向美国政府和一些企业提出赔偿的诉讼，但至今尚未成功。

　　然而，如果我们对于历史问题关注得过多，并总想通过道歉来弥补曾经的过错，那么我们就没有足够的精力去解决当下所面临的种种难题。正如许多少数族裔领袖指出的，关注过去的愤恨不满很可能形成一个陷阱，就像如今许多政府和团体会借此来逃避处理现实中的许多问题。美国黑人可以要求政府为过去的奴隶制度道歉，美国政府也完全可以这样做，但这么做究竟能对黑人的生活有多大改善？黑人的孩子们就可以因此受到更好的教育吗？黑人男性们可以因此就获得工作和尊严吗？加拿大原住民也曾遭遇过类似"被偷走的一代"的问题。当时原住民儿童被要求进入寄宿制学校就读，他们在那里学习英语或法语，被同化得可以逐渐融入"白人"社会。许多原住民和非原住民的批评者指出，加拿大的寄宿制学校常常在照顾原住民孩子的时候虐待他们，有时候甚至是性侵，同时，这些孩子也被剥夺了属于自己的文化。一些原住民领导人曾将加拿大政府的做法称为"文化上的屠杀"；一位前联合基督教会的牧师也表示，尽管证据并不充分，但他已经发现那些寄宿学校中存在谋杀、非法医疗实验和集体恋童癖等问题。加拿大政府已经对那些曾在寄宿学校中就读的学生进行赔偿，同时也设立了专门的真相与和解委员会，将用 5 年的时间来收集相关的资料并发布调查报告。目前该委员会的主席表示他们正在准备提出一系列的犯罪指控。当然，加拿大社会必须要应对这些指控。但令人遗憾的是，相较于处理历史问题，没有什么人愿意花费同样的资源和精力，去改善如今许多原住民保留区的恶劣条件。著名的美国犹太裔作家里昂·维森特尔曾告诫少数族群，他们往往从对过去的关注中得到的消息是："别被愚弄了……他们依然想压迫我们。"过分沉湎于悲惨的过去之中，比如大屠杀或是奴隶制度，会让人们没有资源和精力再解决当下所面临的问题。

第三章

谁拥有过去

　　非常不幸的是，随着历史在公众讨论中变得越来越令人瞩目，专业历史学家也正在很大程度上把这一领域拱手让给业余历史爱好者们。过去几十年来，历史专业研究的圈子变得越来越小，到如今不少历史研究已经变成了历史学家间自我参照的作品。这些研究都会共同提出一些问题，比如，专业的历史学家们是如何创造过去的？历史学家们都应用或误用了哪些理论？我依稀记得，多年前当我审阅历史学专业研究生的申请材料时，有一位看起来非常聪明的学生，她的申请材料中提到她想要研究某一特定历史领域，因为那一领域的"理论化程度不高"。

　　也许是因为历史学家也渴望像那些自然科学或社会科学领域的同行，给人一种非常专业的感觉，他们开始越来越多地使用专业术语与又长又复杂的句子。他们的作品很多都非常难读，但其实并没有必要写成这样。加拿大阿尔伯塔大学的历史学家安德鲁·柯林·高曾有一番高论为这种令人难懂的历史写作方式辩护。他很严肃地认为，人们不应该期待历史学家为他们献上轻松娱乐的作品，或是给他们讲述各种历史逸闻。他说："我们需要专业的历史来为我们提供娱乐吗？尤其是当公众给予历史学家大笔资助的时候。同样的道理，难道我们需要物理学来为公众提供娱乐吗？"

　　然而，历史学家毕竟不是科学家。如果他们不能让公众读懂他们的研究内容，那么就会有其他人来填补这项空白。政治家或是其他领袖，常常为了自己的目的误用或滥用历史而不被发现，因为大众一般对历史知之甚少，故而很难反驳他们的说法。如今许多深受大众喜爱的历史作品，都是出自业余历史爱好者之手。其中不乏优秀的作品，但绝大多数并不怎么好。那些不好的历史作品，只会告诉人们复杂历史事实的部分真相。这类作品还会描述大量无法考证的历史细节，比如有些作品会编造许多历史人物的内心想法。西格蒙德·弗洛伊德曾和美国外交官小威廉·布列特合著过美国总统伍德罗·威尔逊的传记[1]，但这本书饱受诟病。弗洛伊德从来没有当面见过威尔逊，也没有读过威尔逊的个人日记，因为威尔逊根本就没有写日记的习惯。然而弗洛伊德在书中言之凿凿地大谈威尔逊内心的恋父情结和他常有的一种挫败感。不好的历史作品还可能会将一些历史人物描绘得过于伟大，为历史人物赋予他们本不可能具

1　Sigmund Freud and William Christian Bullitt, *Woodrow Wilson: A Psychological Study*, Transaction Publishers, 1967.

备的远见卓识和雄才大略。就像在 1914 年几乎所有的将领都确信第一次世界大战会在很短时间内结束，欧洲各国的政治家们又怎么可能预料到西方战线会长期僵持不下呢？[1]

对于某些历史事件，不好的历史作品还经常沿用人们惯常认为的一概而论的看法，却不能用充分的史料来支撑这些论断；同时，这些作品还会忽视与它们的论断不符的史实。比如，对于一战结束时协约国与德国签订的《凡尔赛和约》，人们一般认为这是一个愚蠢的、惩罚性的条约，正是这个条约导致了第二次世界大战的爆发。这个论断看上去的确很有说服力，尤其是约翰·梅纳德·凯恩斯等知名人士也都支持这一看法。但实际上这种论调忽略了很多细致的考虑。尽管德国确实战败了，但《凡尔赛和约》对德国的打击，并未像许多德国人宣称以及英美等国认为的那样严重。战争赔款对德国来说的确是一笔不小的负担，但远没有人们想象的那么沉重。德国仅仅支付了部分赔款，希特勒在执政后便彻底废除剩下的部分。如果说德国在 20 世纪 20 年代的确因为战争赔款而面临过一些经济问题的话，那绝大多数也是其本国政府的财政政策引发的。当时德国政府既不愿意提高税率，也不愿意拖欠许多中产阶级

1　第一次世界大战的西方战线是指 1914 年战争爆发后，德国入侵比利时与卢森堡后所开辟的战区，前者迅速占领了法国大片的重要工业地区，但战争形势因马恩河战役而发生了戏剧性的改变，双方沿着法国边境自北海至瑞士挖了一连串的壕沟实行阵地战，整条战线在战争中的大部分时间都未有明显变动。

持有的战争债券。此外，德国的经济状况在 20 年代是逐渐改善的，而不是变得更差。那个时候，欧洲和全球的经济都在复苏，而德国甚至苏联也都逐渐被纳入全球经济体系之中。但美国的经济大萧条让世界各国甚至是那些最强大的民主国家都受到极大的压力；同时，各国均做出过一系列错误决策，包括德国国内一些政治家和将军认为可以让希特勒当权从而利用他。若没有大萧条和那些错误决策的出现，德国对别国的侵略以及后来的战争可能都不会发生。不好的历史作品正是忽略了历史上的这些细节，反倒更愿意向读者讲述一个看起来善恶分明的故事，但这些故事并不能让我们深入了解历史本身的复杂全貌。这种历史告诉我们的经验教训太过于简单，甚至本身就是错误的。这正是为什么我们需要学习如何恰当地评价历史，并以怀疑的态度来面对那些言之凿凿的历史叙述。

　　专业历史学家不应该轻易地将自己的专业研究领域拱手让与他人。我们有必要尽最大努力来提高公众对历史丰富性和复杂性的认识。我们还必须驳斥那些公共领域中片面的甚至错误的历史叙述。如果我们不这样做，就等于说我们在放任领导人和意见领袖利用历史为一些错误的论调背书，为那些糟糕愚蠢的政策辩护。同时，历史学家绝不能完全放弃研究政治史，转去全身心研究社会史或文化史。不论我们对政治喜欢与否，政治的确对我们的社会和每个人的生活都有着很大的影响。我们只需要问问自己，要是当初希特勒和纳粹没有掌控欧洲最强盛的国家，那么如今的世界又会是什么样呢？或者，若是当初罗斯福总统未能推行新政，美国的资本主义和美国人的生活又会是什么景象呢？

了解某些特定主题的历史可以让人们获得一些启迪，同时这些历史本身也非常有趣。例如，法国大革命期间的狂欢节日、中世纪时期圣母玛利亚图像、甜甜圈在加拿大民众心中的重要性（加拿大是世界上甜甜圈消费最多的国家）、汉堡在美国人生活中的地位，等等。虽然这些研究的确有意义也很有趣，但我们不应该忘记19世纪最伟大的史学家利奥波德·冯·兰克曾说过的，"当时到底发生了什么"[1]。

每一代人都有他们自己所关注和关心的问题，因而他们会从过去的历史中寻找具有新意的话题，并且提出许多不同于以往的问题。当我还是本科生的时候，我们历史教科书上主要是政治史和经济史，很少会涉及社会史，而且根本没有性别史的内容。到了20世纪60年代晚期第一波女权主义思潮兴起时，人们对妇女史的研究兴趣也逐渐高涨。随着同性恋平权运动的兴起，人们也开始关注男、女同性恋的历史。再比如，伴随婴儿潮一代对年轻貌美形象的追求，关于身体的历史也

1　兰克这句话的德语原文为："wie es eigentlich gewesen"。对这句话的解释，有些人认为历史学家应当记录事实，而不对这些事实进行解释。但美国历史学家彼得·诺维克认为，兰克的意思是，历史学家应该发现事实，并发现其背后的本质。

开始受到人们的关注。随着欧洲老牌帝国的式微以及亚洲在经济、政治等方面的崛起，传统以欧洲、北美为中心的世界史研究也不再是学术界的主流。我们在历史研究和写作中不断提出的新问题，正是使得传统历史叙述发生改变和发展的推动力量。

然而，当我们叙述过去的时候，要注意的最关键的一点就是过去究竟发生了什么事，同时这些事是按什么顺序发生的。因果关系和事件发生的顺序是我们理解过去的关键。对于拿破仑和滑铁卢战役这段历史来说，我们可以质疑究竟是什么原因导致拿破仑失败，也可以探究他在战役前的哪些决策导致了他最终失败。但我们绝对不可能做出有违事实的论断，诸如拿破仑实际上赢得了滑铁卢战役，或者这场战役发生在拿破仑入侵沙俄或西班牙之前。对于历史学家来说，如果他们不再关注并记述那些历史上的重点事件，以及那些构成过去的一个个小的历史细节，其他人便会来做这些工作，但这些人往往并不能将历史如实地记述下来。

历史学家，尤其是过去的历史学家，实际上也写下过许多不好的甚至是带有偏见的历史作品。在中世纪时，基督教历史学家眼中的历史，是一部天主教会战胜一切的历史。一位文艺复兴时期的学者曾提出，历史上罗马皇帝将权力转交给罗马教皇的文件是伪造的，他的著作让人们开始重新审视历史上罗马皇帝与教皇的关系。维多利亚时代的历史学家往往将大英帝国视为历史发展的推动者，认为当时世界发展的繁荣局面正是由英国称霸全球带来的。而法国、德国、俄罗斯以及美国的历史学家也都像英国的历史学家一样，将本国的历史置于推动世界发展的中心位置。他们的作品往往就像史诗一样，里面充斥着善恶分明的英雄与反派，以及许许多多激动人心的历史时刻。英国著名历史学家迈克尔·霍华德曾说，这些历史可以支持我们渡过困难的时刻，但这充其量只能算"温室中的历史"。

正如霍华德所言，历史学家的角色就应该是挑战甚至揭露那些民族主义的神话："这种神话的幻灭是一个社会走向成熟的必经之路。同时，自由主义国家与极权主义国家最大的不同就在于，自由主义政府将公民视为能够负责任的成年人，而极权主义政府则不是这样。"第二次世界大战结束之后，大多数西方民主国家都做出了一项艰难却又明智的决策，他们允许历史学家研究二战的军事史。换言之，他们招募专业的历史学家，让他们不受限制地查阅和使用各种档案。这样做的结果就是，关于第二次世界大战的历史叙述不仅没有掩盖盟军的错误和失败，还努力展现出这场伟大而复杂的战争的全貌。

其中英国的例子非常有趣。起初英国政府给予丘吉尔自由使用所有记录的权限，还给予他非常优厚的税收减免，以便他能写下自己在第二次世界大战中的伟大历史。英国政府这样做的一部分原因是希望在美国和苏联蜂拥出版二战回忆录与历史作品之前，英国已经拥有一份从本国立场写就的战争记录。然而结果像戴维·雷诺兹所说，丘吉尔撰写的二战史只是一个官方的、权威的、大而全的作品，其中许多棘手的话题都被掩盖了。例如，丘吉尔很少提到，1940年5月战争最困难的时候，英国内阁也产生了许多分歧。在丘吉尔的叙述中，在法国被纳粹占领后，英国内部似乎没有人讨论过他们下一步该怎么做，大家一致认为英国应该继续独自坚持抵抗。他在书中写道："我们的后人们将会发现，战时内阁根本就没有讨论过英国是否应该单枪匹马坚持战斗的话题。当时英国各党派人士都一致认为坚持战斗是理所应当的事情。而且当时我们根本没有时间讨论这些不切实际的理论性问题。"但实际上，有记录显示，当时英国内阁的确考虑过其他选择，其中最令人震惊的是，英国还曾计划请意大利独裁者贝尼托·墨索里尼居间调停，以促成和平谈判。后来，英国内阁认为此举并不会使情况有任何改观，反倒可能打击英军的士气，于是才做出了继续战斗的重大决策。

然而，第二次世界大战甫一爆发，英国政府就打算为这场战争编写一部官方历史。1946年战争结束后，英国政府即委任德高望重的历史学家詹姆斯·巴特勒爵士组织编写一套关于二战的丛书，主要记录英国在战争中各方面的努力。巴特勒曾明确表示，为保证这套丛书的质量，他希望能选择一些声名远播的独立学者参与编写，而不是选择那些来自英国军方的专家。他还要求自己选择的历史学家应该完全不受限制地查阅所有的相关资料，并且能在不危及国家安全的前提下，完全自由地根据他们的发现撰写历史。因此，这套英国官方编写的战争史内容非常详实，对很多历史问题的态度也非常坦诚，同时展现了英国内部对一些问题的争议。例如，在谈及轰炸德国时，书中直言不讳地披露了英国的决策过程。当时英国空军高层对区域轰炸和精确目标轰炸到底哪一种才是打击德国最有效的方式存在争议，更多人倾向采取区域轰炸。所谓区域轰炸是指对指定城市和村镇等大目标进行无差别轰炸，而不是对一些更精确的如军工厂或燃料仓库进行轰炸。英国空军部在 1959 年对这套丛书提出抗议，他们认为揭露空军的内部争论可能有损英国皇家空军的形象。但时任内阁秘书诺曼·布鲁克爵士对此给出坚定的答复："历史不能被用来粉饰过去的污点。相反，如果我们能正确面对那些难以启齿的话题，未来政府将从这些过去的错误中吸取经验教训。"

秉笔直书的历史不一定总会受到人们的热烈欢迎。负责撰写英国轰炸这一事件的历史学家诺布尔·弗兰克兰，曾因自己的作品而被他人恶意攻击。虽然他也曾亲自参与当年的轰炸行动，并且获得杰出飞行十字勋章，但英国保守派媒体却屡屡暗示他当年并不胜任这一工作（实际上，他的确曾因肺炎停飞 8周，但病愈后他又继续参与了轰炸）。那些批评者曾错误地认为，弗兰克兰当年连德国战场都没有去过，同时坚称只有亲身参与过战争的人才最有可能了解真实情况。尽管有些言辞激烈的批评者也承认，他们并未读过弗兰克兰的作品或是只读过一点点，但这丝毫没有妨碍他们继续发出恶评。弗兰克兰曾在他的作品中表示，战争结束前集中用于轰炸德国的弹药和装备，实际上可以被用于其他更有需要的地方，而轰炸是否真正打击了德军士气是值得商榷的。他的这些观点很快就被声讨者渲染成他说过"轰炸是一场代价高昂的失败"，但实际上他根本没有说过类似的话。批评者还宣称，弗兰克兰的作品侮辱了对那些在战争中牺牲者的纪念，也伤害了那些幸存者和他们家人的感情。一位议员曾表示，弗兰克兰是那种典型的言辞尖刻、说话不负责任的作家，可以为了赚钱而写出各种骇人听闻的内容。对弗兰克兰的批评，如今也出现在加拿大战争博物馆关于当年同一场空袭行动的展览之中。展览的批评者表示，博物馆在一块展板中将这场空袭称为"永远的争议"，他们认为这是将轰炸德国工业和城镇贬低为不道德和无效的行动。然而，那块展板实际上写的是，"对德国的战略轰炸行动，在实际价值和道德层面都存在激烈的争议"。

　　一般来说，公众对历史学家的作品的态度，与每个时代所面临的问题息息相关。20世纪50年代末，英国经历了一个重新自我定位的时期，当时英国在全球的影响力衰落，同时国内也面临很多棘手的社会和经济问题。1956年的苏伊士运河危机对英国的消耗巨大。[1]尽管危机后继任的保守党首相哈罗德·麦克米伦极力保持英国与美国的特殊关系，但显而易见美国才是占据主导位置的一方。大英帝国的势力不断衰落，实际上，就在麦克米伦刚刚发表关于非洲殖民地独立的著名演说《风云变幻》（*Wind of Change*）[2]后不久，他也不得不决定是否让弗兰克兰的那本作品出版了。第二次世界大战对英国人来说，是一个光荣而又英勇的重要时刻，英国人在战争中团结一致，同时英国又是同盟国中的三巨头之一。讽刺舞台剧《边缘之外》（*Beyond the Fringe*）中有一个片段"战后余波"，准确地反映出英国人对二战的感觉——一种夹杂着怀旧与骄傲的复杂情绪。弗兰克兰的作品对当年英军轰炸行动的细致、翔实记述，以及对英国空军内部分歧和争端的揭露，无疑给英国人对二战的高涨的情绪泼了一盆冷水。

著名历史哲学家罗宾·乔治·柯林武德曾在自传中写道，历史学家必须用审慎的态度来研究历史，即使他要做的是颠覆人们心目中珍视已久的英雄和神话。他说："如果过去真的和现在没有一点关系，那么我们关于过去的历史知识也都对当下

1　　即第二次中东战争。1956 年埃及与英国、法国和以色列的军队围绕苏伊士运河的通航权而爆发战争。在美国的压力下英国最终撤兵，时任英国首相安东尼·艾登也因此下台。这次事件标志着英国和法国的正式衰落。

2　　《风云变幻》是麦克米伦 1960 年 2 月 3 日在南非开普敦所作的演说，该演说进一步推动了英国在非洲殖民地的独立运动，继黄金海岸独立成为加纳后，尼日利亚和肯尼亚相继于 1960 年和 1963 年独立。

毫无裨益了。然而如果设想过去在现实生活中依然存在，设想历史被凝缩在了现实之中，那么，尽管历史乍看被隐藏在当前矛盾和其他更突出的特征之下，但它依然在鲜活有力地影响着现实。历史学家与非历史学家的关系，就如同训练有素的伐木工与对森林一无所知的游客一样。"[1] 历史学家提高历史书写的门槛，同时指出过往历史叙述存在的疑点时，往往会引起人们强烈的不满。人们真的想知道那些像丘吉尔一样的英雄人物也犯过低级错误吗？人们真的想知道第二次世界大战期间，同盟国轰炸德国的计划是否真的在实际效果和道德层面都有待商榷吗？人们也真的想知道约翰·肯尼迪多种疾病缠身，需要依靠止痛药度日吗？我认为人们是想知道这些的。这不仅仅是为了满足人们的好奇心，更是因为复杂翔实的描述比一个简单化的说法更能满足一个心智成熟的人的内心。我们依然可以拥有那些英雄，依然可以对过去的正确或错误保持自己的看法，同时我们也依然可以因为某些历史事件的结果比其他可能更好而感到开心。但我们更应该去接受真实的历史，它们就像是我们每个人的日常生活，从来都不是绝对的非黑即白。

历史学家当然不拥有历史，历史是属于每个人的。但因为历史学家花费了许多时间来研究历史，所以与大多数业余历

1　参考 [英] 柯林武德《柯林武德自传》，陈静译，北京大学出版社，2005 年，第 94 页。R. G. Collingwood, *An Autobiography*, Oxford University Press, 1939, p. 100.

史爱好者不同的是，他们可以对一些历史问题有更理性的认识。毕竟，历史学家一直都在被训练如何提出问题，如何把各种细节联系在一起，以及如何收集和研究各种史料。在理想状况下，历史学家已经拥有了一套相对全面的知识体系，并且对特定历史时段和事件的背景有所了解。但是当他们的作品触及过去人们根深蒂固的认知和一些英雄神话时，他们常被指责为自视甚高的虚无主义者，或是与"现实世界"完全脱节的幻想者。在近现代史领域，就像弗兰克兰曾被人们批评的，历史学家也经常会被人们指责：如果他们没能亲身经历某段历史，他们是没有发言权的。

上述看法在很多人心中根深蒂固，他们认为某些历史事件的亲历者或是生长于某些特殊年代的人，一定会比后人更了解这段历史、有更深刻的认识。然而这是一个错误的想法。例如，最近加拿大战争博物馆举办的关于同盟国轰炸德国的展览，引起了不少的争议，许多人都批评策划这场展览的历史学家和那些支持这场展览的人，认为这些人都应该去听听曾参与过这场战役的老飞行员们的意见。当然，正如加拿大《国家邮报》（*National Post*）指出的，"人们应该尊重言论自由，同时也不应该总是迁就每一个特殊利益集团的敏感点。但二战老兵们并不只是一个普通的利益集团"。关于展览的争议正激烈的时候，我也被邀请作为一名利益不相关的历史学家去评价这场展览（实际上我支持那块人们激烈批评的展板，并且强烈建议战争博物馆不向批评让步）。当我的这些观点被公之于众的时候，我开始收到形形色色的批评邮件，其中也有说我对于第二次世界大战根本没有发言权，因为我根本未曾参与其中。同时邮件中还暗示说，因为我是一位女性，所以我又怎么会了解那些军事方面的事情呢？当然，我并没有收到过我同事曾收到的那样言辞激烈的邮件："那些二战老兵为我们的国家和我们如今的生活作出的贡献，以及他们在战争中展现出的勇气和奉献精神，是你们永远都比不上的。正因为他们曾亲身参与过那场战役，而你们没有，所以他们最有资格来评价那块展板上的内容是否客观公正。"

然而，即使亲历某些历史事件，人们也不一定会对这些事件有更深入的了解。事实上，有时候情况恰恰相反。例如，我的确曾亲历过古巴导弹危机那段时间，但那时我所了解的一切全都来自媒体报道。同其他几百万普通人一样，我全然不知华盛顿和莫斯科之间为了处理这场危机曾发生的激烈冲突，也不曾了解肯尼迪同苏联存在秘密沟通渠道，或是苏联已经在古巴部署好了核武器。我也不知道菲德尔·卡斯特罗已经准备好让自己的国家毁灭，如果此举可以让苏联在冷战中更接近胜利的话。以上这些事情都是过去很久之后，才随着双方机密档案的公开而被人们熟知。因此我们才能对当时的情况有更细致、更全面的认识。同样，那些二战老兵在轰炸行动中的亲身经历与那段历史的实际情况之间，也存在这样的差距。尽管他们熟知冒着生命危险而飞临德国上空时的感觉，但他们并不了解曾在白厅发生的那些争论，也不了解他们投下的炸弹将带来什么影响。[1] 这些问题的真实情况，只有在事后通过研究和分析才能被慢慢发掘和还原出来。

正如心理学家告诉我们的，记忆是一种非常微妙的东西。我们的确会记住发生在过去的事情，往往会记住其中非常生动的细节。我们可以回忆起我们曾经在某些场合穿的是什么、说过些什么，或是曾看到过什么、闻到过什么气味、尝到过什么美味、听到过什么声音。但我们的记忆并不总是那么准确。美国著名政治家迪安·艾奇逊有一次曾告诉历史学家小亚瑟·施莱辛格，每当他用一个早上的时间来写回忆录之后，他总要喝上一杯高纯度的马天尼酒。艾奇逊还曾在他的回忆录中讲到当年的珍珠港事件发生的情况，并且生动地回忆了当年罗斯福总统决定进一步制裁的情景。就在 1941 年珍珠港事件爆发的当天，艾奇逊和罗斯福总统及时任美国国务卿科德尔·赫尔一道在总统办公室，决定冻结日本在美资产，这是美国迈向对日宣战的重要一步。艾奇逊写道："总统当时坐在办公桌前，赫尔坐在他对面，我就坐在国务卿的旁边。"然而，他的秘书后来在调查档案记录之后却发现，当天赫尔根本就不

1　白厅是英国政府中枢的所在地，包括英国国防部、皇家骑兵卫队阅兵场和英国内阁办公室在内的诸多部门均坐落于此，因此"白厅"一词亦为英国中央政府的代名词。

在华盛顿。

我们总是误以为自己的记忆就像那些刻在石头上的字一样牢固，事情一旦发生，我们的记忆就绝对不会改变了，我们的记忆一定是符合事实的。然而记忆不仅仅是有选择的，同时还很容易受到影响而发生变化。20世纪90年代的时候，大众非常热衷并关注恢复记忆的话题。不少权威人士都出版了相关作品，并且在媒体上声称他们完全有可能抑制过去的痛苦和创伤的记忆。通过与治疗专家合作，有些病人发掘了一些隐藏于内心深处的记忆，例如被父母性侵、遭受虐待、参与邪教活动、谋杀等。此后许多家庭因为这些发现而破裂，对痛苦记忆的指控者与被控者的生活也都因此被毁了。如今这种恐慌已经渐渐平息，我们不得不遗憾地承认，实际上根本没有证据表明人类可以成功压抑那些痛苦的记忆。如果有的话，也只能证明痛苦的记忆依然鲜活地存在着。

哈佛大学医学院麦克林医院生物精神病学实验室的研究者们最近开展了一项研究，主要对被压抑的记忆症候群患者进行实验。他们对这个话题的兴趣，源于这一现象在20世纪末的突然出现。如果这种症状的确根植于人类的大脑中的话，那么历史上一定会有类似的例子来证明。研究者在19世纪的文献中找到了这样的例子，但即便他们重金悬赏，也未能在19世纪前的文学或非虚构的文献中找到相关的案例。后来他们将此归纳为："这种现象并非人类天生的神经系统功能问题，而是源于19世纪的一种'文化束缚'综合征。"当时浪漫主义者对超自然现象和幻想事物的痴迷，加之此后出现的一些以弗洛伊德为代表的关于潜意识的著作，都让我们开始相信，人类的心理实际上会对人产生一些特别的影响。

我们修改关于自己过去的记忆，一方面是出于人类的一种本能，我们总想让自己在历史中的角色更有吸引力或者更重要，不过，另一方面，我们会改变那些记忆是因为随着世易时移，人们对待很多问题的态度也在发生变化。在第一次世界大战刚结束后的几年里，法国和英国会纪念那些在战争中死亡的人，认为他们是为保卫祖国而捐躯的英雄。然而直到后来人们关于这场战争的神话破灭时，法国和英国公众才开始将那些死伤者视为一场徒劳战争的无辜受害者。此外，人们也更愿意删除记忆中那些看上去不合时宜或是不再正确的东西。当我访问一些曾生活在殖民时期英属印度（Raj）地区的英国女性时，我总会问她们，英国统治者和那些被统治的印度人之间的关系如何。她们不约而同地回答，各种族之间向来都没有任何紧张关系，英国人也从来没有表现出种族主义的态度。然而，我们在一些诸如书信或日记的当代史料中发现，当时许多甚至绝大多数生活在印度的英国人都认为印度人比自己低等。

我们有时候也会在回顾过去时美化自己的记忆。普里莫·莱维曾尽力保存关于纳粹集中营生活的记忆，并警告后人说："如果一个记忆太过频繁地被提起、被塑造成一个故事的话，这些记忆很可能会慢慢变成人们认知中固定的刻板印象……人们往往会对那些记忆进行美化、润色，用更完美的记忆取代那些最原本的记忆，并且以这段记忆为代价获得生长。"随着我们对过去越来越了解，那些关于过去的了解也会变成我们记忆的一部分。以色列犹太人屠杀纪念馆的馆长曾遗憾地表示，他们收集到的绝大多数口述历史都是不可靠的。例如，大屠杀的幸存者常认为他们都曾目睹那些暴行，但事实上他们当时身处的地方离那些惨案发生的现场非常遥远。

　　20 世纪 20 年代，法国社会学家莫里斯·哈布瓦赫提出了"集体记忆"的概念，这一概念是指一个人会认为自己实实在在地了解自己所处集体的历史。他曾写道："一个典型的集体记忆，或者至少是一个比较重要的集体记忆，通常是在表达关于某个集体的一些永恒的或是最基本的真相——这些真相常常都是悲剧。"就像波兰人永远都不会忘记他们的祖国曾在 18 世纪遭到瓜分，在他们记忆中，那时波兰就像"国家版的耶稣"一般殉难。[1] 同样塞尔维亚人也永远记得，尽管他们在 1389 年科索沃战役中失败了，但他们在精神上战胜了长久以来

1　从 17 世纪开始，当时作为波兰统治主体的波兰立陶宛联邦开始走向衰落。在 18 世纪时，波兰的领土遭到普鲁士、奥地利帝国（当时为哈布斯堡帝国时期）和俄罗斯帝国三个邻近国家的瓜分，这一分割是分成三个阶段进行的，而第三阶段导致了波兰的灭亡。

的穆斯林对手。[1] 时下人们所关心的问题，往往会影响一个集体对过去的记忆。在 19 世纪塞尔维亚争取本民族独立的时候，历史上的科索沃战役在塞尔维亚人的记忆中被赋予了崇高的价值。然而在此前的几个世纪里，这场战役在人们记忆中只不过是更宏大的历史进程中的一环。集体记忆更在乎的是现在而非过去，因为这事关一个群体到底如何看待自己的身份。而那些集体记忆的内容常常也会成为人们争论的主要话题，如哈布瓦赫所说的，"人们总会对一个集体在历史上的主要象征或精神，以及这个集体当前同过去的关系等话题形成相矛盾的叙述，为了重新定义这个集体当下的形象，人们会对这些叙述展开争论和协商"。

彼得·诺维克在他的《美国生活中的纳粹大屠杀》中曾令人信服地指出，对美国的犹太人而言，对纳粹大屠杀的记忆，实际上到了 20 世纪 60 年代才成为他们身份认同的一个核心特征。[2] 在第二次世界大战后的头几年里，美国的犹太人基本上都不愿意回忆大屠杀，对他们来说那是他们犹太教同胞受难的

1　1389 年 6 月 15 日，奥斯曼帝国同塞尔维亚直接发生科索沃战役，此役导致了塞尔维亚的沦亡。此后塞尔维亚被奥斯曼帝国统治长达 500 年之久。但塞尔维亚人认为这场战争虽败犹荣，面对奥斯曼帝国军队不可阻挡的铁蹄，他们进行了英勇的抵抗，这种思想和精神塑造了塞尔维亚人。

2　彼得·诺维克的《美国生活中的纳粹大屠杀》一书在非美国地区以《纳粹大屠杀与集体记忆》(*The Holocaust and Collective Memory*) 为标题出版。中译本《大屠杀与集体记忆》，译林出版社，2019 年。

历史。当时许多犹太人的机构和组织也在呼吁犹太同胞应该放眼未来，而不是总沉浸在过去之中。直到 60 年代他们的态度才开始发生变化，诺维克认为，其中部分原因是受害者身份可以让他们处于更有利的地位，同时 1967 年和 1973 年的两次中东战争也都显示出以色列的实力以及始终存在的弱点。[1]

19 世纪时，犹太复国主义者开始了他们重建犹太国家的宏伟计划。为了实现这个计划，他们开始从犹太人的历史中寻找犹太人的象征与经验教训。在犹太人漫长的历史中，他们发现了曾经发生在马萨达城的故事。公元 73 年，罗马人击溃了抵抗他们统治的犹太人的最后余部，当时有近千名犹太男女老少坚守在马萨达山顶的要塞中。在要塞被攻破前夕，这群犹太人的首领以利亚撒·本－雅尔告诉手下所有的男性，宁可死也绝不屈从罗马人的奴役。于是马萨达城中的犹太男人们杀死了自己的妻儿之后全体自戕。[2] 这个故事一直以来都被记述在史书之中，但对犹太人来说并没那么重要，直到近代犹太复国主义出现后才发生变化。如今马萨达已经成为犹太人的一个精神

1　1967 年第三次中东战争被以色列称为“六日战争”，战争中以色列在六天之内击败了埃及、约旦和叙利亚等阿拉伯国家联军。1973 年第四次中东战争中以色列军队的伤亡比 1967 年的战争更为惨重，但仍在两周的战争中抵御了阿拉伯国家联军的进攻并予以反击。

2　公元 66—73 年，罗马帝国爆发了第一次犹太大起义，其中一支重要的反抗力量奋锐党在马萨达城建立了统治。此后，被罗马追捕的犹太人陆续来到这里，马萨达成为起义的最后据点。现代的考古发现对自杀的故事提出了怀疑，有人认为这是约瑟夫在刻意编造犹太人的英雄事迹。

象征，象征着犹太人不向命运屈服的精神，象征着犹太人不自由毋宁死的决心。在独立后的以色列，马萨达也成为以色列军队和百姓的精神支柱和朝拜圣地。马萨达精神就如一首著名的诗中写的那样："马萨达永不陷落！"然而近些年来，随着以色列国内对与邻国关系和平前景的悲观情绪日益高涨，又出现了另外一种关于马萨达的集体记忆：马萨达是一种警示，告诫犹太人始终面临着敌人的迫害。

　　尽管集体记忆一般都是根据历史事实而产生的，但有时候其所依据的事实也不完全是真的。质疑人们讲述的关于他们自己的故事，有时候是一件很危险的事，因为我们对自己的身份认同是由我们的历史塑造的，与历史息息相关。这正是为什么处理历史问题会变得如此具有政治色彩，比如我们决定相信哪个版本的历史，或者决定要记住什么、遗忘什么的时候，都会在政治上引起波澜。

第四章

历史与身份认同

我们之所以常常对历史产生争论，一个重要方面就是因为历史具有许多现实意义。我们会以各种方式来利用历史：我们用历史动员人们实现未来的目标；我们用历史来宣示自己的合法性，例如宣示拥有领土主权；可悲的是，我们还会用历史来攻击和贬低他人。当然，回顾过去也可以治愈人们内心的创伤，因为我们会发现许多自己所属群体的新知识，一直以来这些都是被人们忽视或刻意禁锢的。对那些不拥有权力或感觉自己没有足够权力的人而言，历史可以变成一种武器，来帮助他们反抗自己被边缘化，或是反对诸如全球化等他们不认同的趋势和观念。那些关于过去不正义和犯罪的历史，在如今都可以被用来纠正或平反那些错误。对我们每个人来说，不论拥有权力还是处于弱势，历史都会帮助我们确定自己所属群体的界限，帮助我们证明自己是谁。

我们经常会问自己的一个问题就是，"我是谁？"与这个问题同样重要的问题是，"我们是谁？"我们的身份大多都来自我们出生所属的群体，或是我们后来自己选择的群体。影响我们确定自己身份的因素有很多，包括性别、种族、性取向、年龄、阶级、国籍、宗教、家庭、宗族、地理区域、职业等因素，当然历史也会影响我们身份认同的形成。每当一个新的自我认同方式出现时，就会有一个新的群体出现。例如，20世纪之前，不存在青少年这样一个群体，因为当时人们觉得一个人不是成年人就是小孩。到了20世纪，发达国家的孩子读书的时间开始变得越来越长，他们也因此变得越来越依赖他们的父母。青春期开始变成一个人从孩童向成年人过渡的漫长而又重要的时期。当时的市场也抓住了这一商机，推出了专门适合于青少年的衣服、音乐、杂志、书籍以及电视和广播节目。

　　我们不仅将自己视为一个独立的个体，同时也认为自己是一个群体中的一分子。有时候我们所属的群体很小，可能就是一个数代人同堂的大家庭，有时候这个群体也会很大。本尼迪克特·安德森提出了被广为引用的"想象的共同体"这个概念，认为无论是国家还是宗教团体，都是一种想象的共同体。这些共同体有时候会大到我们不可能认识其中的每一个成员，但我们依然忠于这个群体。每个不同的群体都会用不同的符号来凸显自己独特的身份，无论是旗帜、彩色T恤还是特别的歌曲。每个群体在界定本群体界限的过程中，往往都会把历史当作一个重要的手段。军团很早就明白历史对创造凝聚力的重要作用，这就是为什么军队会非常重视每一个军团的光辉历史和卓著战功。不足为奇的是，那些被纪念的光辉历史往往都是片面的或是过于简化的历史叙述。

　　绝大多数美国人都曾听过美国独立战争期间保罗·里维尔夜奔的故事：这位勇敢的爱国者在1775年的一个夜晚，连夜骑马向他的革命伙伴们通风报信，告诉他们英军即将发起进攻的消息。时隔八十年之后，诗人亨利·沃兹沃思·朗费罗将这个传奇故事写成了诗歌，让这段历史得以留存于美国人的记忆中。然而对历史学家而言，遗憾的是，朗费罗的那首诗中有不少关键细节都与历史不符。例如，里维尔并没有在老北教堂的尖顶上挂灯来传递英军动向的信号（朗费罗的诗中有一句被广为传播，这句诗是关于里维尔挂灯的信号："如果从陆路来，挂一盏灯；如果从海路来，挂两盏灯。"）。相反，恰恰是里维尔看到了这些信号之后，才去向美军报信。或许更为重要的一点是，里维尔并非独自行动，而是美军早已谋划好的一个各方相互协作的庞大项目的一部分。那一夜不少人都骑着马向各个方向的美军驻地传递消息。对里维尔夜奔颇有研究的大卫·哈克特·费舍尔，曾专门写过关于这一事件的著作，这远比朗费罗的诗歌要更加接近事件的原貌。他在书中写道："随着我们对这些来往消息的了解越深，关于里维尔的那部分历史叙述也变得越来越有趣。里维尔不只是一个独行的消息传递者，更被塑造为一位自由事业的组织者和促进者。"

　　历史学家也开始重新审视那些关于美国西部的神话。美国市面上有几百部西部电影和几千本西部小说，然而这些小说都是由诸如只在蜜月时去过西部的扎内·格雷以及从未去过西部的卡尔·迈等人写就的。这些电影和小说将美国西部描绘成一个狂野的世界，那里有勇敢的牛仔和坚毅的拓荒者，他们勇敢地面对着当地野蛮的印第安人部落。美国西部的神话似乎有一种强大的魔力，从西奥多·罗斯福总统一直到小布什总统，美国的政治精英总喜欢将他们自己描绘成勇敢的牛仔。甚至是与牛仔形象大相径庭的亨利·基辛格，也难以逃脱西部神话的魔力。他曾对意大利记者奥里亚娜·法拉奇表示："美国人很喜欢牛仔的形象，他们骑在自己的马上只身走在整个迁徙的篷车队的最前面。同时，牛仔总能在正确的时间出现在正确的地点。"[1]然而，人们印象中"真实"的旧西部，那种篷车队穿行于尚未开发的法外边境地区的情景，实际上只在 19 世纪 40 年代到 1869 年第一条横贯大陆的铁路通车的这段时间中极为短暂地出现过。当时越来越多的开拓者都向密苏里河以西迁徙。此外，随着对那段历史的了解越来越深入，我们对西部的许多刻板印象也就慢慢消失了，取而代之的是那些更复杂甚至令人不安的历史事实。当年的那些牛仔，实际上只是一些带着枪的不良少

1　篷车是由牛、马或骡拉动的拖车，装有篷布以遮日挡雨。车内可以携带衣服、工具、食物和饮水。19 世纪，许多到西部拓荒的美国人就是乘篷车横越大平原来到西部，因此成为美国旧西部的象征之一。成列的篷车称为"篷车队"。

年，如果在今天，他们可能会加入城市中的黑帮或是被关进监狱。比利小子实际上是个迷人而又冷血的杀人犯。美国电视剧《枪声硝烟》（*Gunsmoke*）中凯蒂·罗素小姐是一个温柔动人的酒馆老板娘，但在旧西部的历史中情况是完全不同的。在西部的边境地区，像她那样的女性一般都是既落魄又贫穷的妓女，往往还酗酒且身患疾病，其中很多人都以自杀结束了生命。

　　在美国国内，国家性的民族神话被强大的地方性神话所挑战，这种情况在美国南方尤为显著。南北战争之后，美国南方的白人书写了以他们自己为中心的独特历史。毫无疑问，在这一版本的历史中，南北战争前的南方是一派闪耀着金色光芒的繁荣景象。那里的男性都充满绅士风度，女性也都是淑女风范，人们都非常注重个人教养和人际交往的礼仪，甚至在奴隶和主人之间也是如此。然而"北方佬"的胜利带走了一切文明，战后的重建只带来了损失与堕落。建立于 1894 年的美利坚联盟国女儿联合会，就特别重视监督学校的历史课程，以确保美国南方学校中教授的课程内容是他们认可的历史版本。[1] 教科书的出版商也顺从了美国南方人的意愿，专门出版了不同版本的美国历史教科书：一种是专门为南方打造的版本，里面对奴隶制轻描淡写，同时忽略了许多南方奴隶主的暴行；而其他的版本都是给北方学校的。因此，虽然黑人的孩子们在他们被种族隔离

1　美利坚联盟国是自 1861 年至 1865 年由 11 个美国南方蓄奴州宣布从美利坚合众国分裂而出的政权。

的学校中可以读到美国南方的历史，但里面关于奴隶制和种族主义的内容是少之又少的。他们从书中被灌输的是，非洲人能来到美国是幸运的，因为他们可以就此接触到欧洲的文明。教科书中还遗憾地总结道，很可惜非洲人天资不够，没有办法好好利用这些大好的机会。尽管黑人教师在课堂上极力反驳书中关于非洲人和非裔美国人历史的观点，但他们的努力举步维艰，因为所有的课程内容都需要经过学校白人董事会的批准。

公共的纪念活动、博物馆和档案资料也都是白人用以加深他们版本的美国南方历史的手段。在美国南方各地，诸如公园和广场等公共场所都以当年美利坚联盟国的英雄命名，到处都是他们的纪念碑。1957 年，弗吉尼亚州举办了仪式，以纪念在詹姆斯敦建立第一个北美定居点三百五十周年。但他们纪念的历史都是白人的历史，丝毫没有提及当地的印第安人，或是几年后被带到那里的非洲奴隶。当年的纪念活动没有一位黑人嘉宾参与，倒是有 6 位黑人被邀请，但他们都是主办方不小心错邀的，请柬发出后很快就被取消了。

20 世纪 60 年代，美国民权运动的势头越来越高涨，美国南方内部的权力结构开始发生变化，南方的历史也随之改变。随着一个又一个州将本州的种族隔离学校进行整合，那些内容老旧的教科书变得令人尴尬。博物馆也开始在他们的展览和陈列中承认南方黑人在历史上的作用。当美利坚联盟国博物馆把当年的脚镣拿出来展览时，无疑标示着时代的变化。南方的黑人开始呼吁建立讲述他们自己历史的博物馆和纪念民权运动历史的博物馆。但实现这项诉求的道路非常艰难，这不仅仅是因为白人顽固分子的反对，还因为黑人的历史在过去向来都没有被白人主导的社会所重视，大量反映南方黑人历史的文献资料和物质文化资料都未能保存下来。黑人还越来越多地要求在公共场所纪念他们的英雄。弗吉尼亚州的里士满曾在 1977 年选出了美国历史上第一个黑人占据多数席位的市议会。[1] 在那里，著名黑人网球运动员亚瑟·阿什的纪念碑与南北战争中南方英雄们的纪念碑一道被安置在纪念碑大道上。在 2000 年，两座横跨波托马克河的大桥被重新以两位当地的民权运动人士命名，而之前这两座桥分别是以南北战争中南方英雄将领"石墙"·杰克逊和"杰布"·斯图尔特命名的。

近来，美国南方的白人和黑人开始尝试书写一段他们共有的历史。1999 年，为纪念半个多世纪前两对黑人夫妇遭到私刑杀害，黑人和白人一同为路边的纪念牌举行了揭幕仪式。[2] 这是佐治亚州第一次公开承认自己臭名昭著的私刑历史。当地的

1　美国南北战争期间，里士满是当时美利坚联盟国的首都。南北战争后，获得自由的黑人奴隶和他们的后裔在这里生活、工作。由于里士满是南北战争时南方的首都，所以有许多纪念馆、纪念碑是纪念南方人物的。

2　此处的私刑事件是指 1918 年 5 月在佐治亚州曾发生了一系列对黑人实施私刑的惨案。大规模的私刑起因是白人种植园主汉普顿·史密斯被手下的黑人工人枪杀，此举引发了白人暴徒对黑人凶手的大规模搜捕。其中，曾为史密斯工作的海耶斯·特纳和他的妻子玛丽·特纳被白人拘捕后，遭到私刑被杀害。据调查，这一事件中至少有 13 名黑人死于私刑。

一份报纸称，"是时候来弥合这道历史的伤痕了"。弗吉尼亚的威廉斯堡是一个被精心保护的殖民地时期的小镇。过去人们只会提及这里白人生活的历史，却很少提到那里也曾有大量的黑人奴隶。但新版本的历史开始描绘黑人奴隶和白人奴隶主之间的关系。例如，一些复原当年情景的表演中，殴打逃跑的奴隶这出戏演得过于逼真，使得愤怒的游客情不自禁地插手制止。然而，并不是每个人都喜欢这种更加全面丰富的历史叙述。不少人还坚持认为，历史就应该是振奋人心的，而不能令人意志消沉。弗吉尼亚州曾试图建立一座纪念奴隶起义失败的纪念碑，但反对者认为此举是在宣扬和美化暴力行为。

在如今我们这个多变且充满不确定的时代，拥有对某一群体的归属感，会让人的内心得到慰藉。无论我们是基督教徒、穆斯林，是加拿大人、苏格兰人，还是同性恋者，这些身份都表明我们归属于一个比我们自己更大、更稳定且更长存的群体。我们所属的群体早在我们出生前就已存在，同时他们也会在我们身后更长久地存在下去。在我们中大多数人已经不再相信来世的时候，所属群体的长存给予我们一种永恒不朽的承诺。然而，身份认同也可能是一个陷阱，将我们禁锢于其中或是将我们与他人分隔开来。英国维多利亚时代的男孩曾时常被告诫道："不要哭，你可是个小英国人。"当时的英国女性则经常被告诫她们属于一个特别的群体，应该表现出温柔和顺从。而当时的邻里们被告诫不要相信其他人，因为他们是塞尔维亚人或克罗地亚人、穆斯林或犹太人。在我长大的多伦多，那里的新教徒和天主教徒会选择上不同的学校。过去如果一个群体和另外一个群体的人结婚，会被当作莫大的丑闻和耻辱。

历史是一种强化想象的共同体的方式。例如，民族主义者都喜欢宣称他们的民族自古以来就一直存在，他们的民族往往起源于那些史料记载模糊的"充满迷雾的时代"。英国国教认为他们虽然在宗教改革的时期就已经与罗马教廷分裂，但他们仍是基督教早期教派的延续和分支。实际上，若是审视任何一个群体，都会发现他们的身份认同是一个不断发展变化的过程，而非一成不变的。每个群体都会不断地定义与重新定义自己，这是因为时代的改变，以及对内部事态、宗教觉醒或是外部压力的回应。如果你所属的群体遭到压迫或是伤害——就像同性恋群体在过去以及如今仍然在某些社会中的遭遇——这些压迫和伤害会成为这个群体如何看待自己的一部分。这些过去的伤痕，甚至还会导致受害群体间彼此悲惨遭遇的竞争。当美国黑人看到美国社会为犹太人大屠杀所举办的纪念活动越来越多时，他们会觉得愤懑不平，甚至还会问，难道奴隶制不也是一项同样值得纪念的滔天罪恶吗？

当一些过去曾被边缘化或忽视的群体开始渐渐产生群体认同感时，他们不可避免地要利用过去的历史。例如，当女性和同性恋群体开始追求更大的权利时，属于他们群体的历史也在相应发展着。历史学家不仅审视历史上妇女和同性恋群体如何受到不平等对待，以及这些群体又如何抗争所遭受的不公，同时，他们还发掘并且讲述早期女权主义者和同性恋活动家的故事。历史学家的这些努力，不仅加强了这些群体内部的团结，甚至还激发了这些群体要求获得补偿的权利意识。

20 世纪 20 年代，美国黑人教育家和历史学家卡特·伍德森创办了黑人历史周活动，其宗旨就是要破除白人一贯以来对黑人的刻板印象，方式之一就是强调黑人在过去的一系列成就。到了 70 年代，美国黑人已经成功通过民权运动维护了自身的权利，他们也越来越以身为黑人而感到荣耀。1976 年纪念美国建国两百周年时，伍德森的黑人历史周开始变成黑人历史月。时任美国总统杰拉尔德·福特也向这一活动表达了好感："过去二十五年里，美国黑人同胞终于开始显著地融入到这个国家的各个领域。在庆祝黑人历史月的同时，我们还可以因为美国开国元勋们的理想终于得以实现而感到欣慰。但除此之外，我们更应该借此机会向那些在历史上经常被忽略的黑人同胞在各个领域的成就致敬。"英国也有类似的黑人历史月活动，其宗旨是纪念黑人对英国社会的贡献，以及鼓励黑人能够为他们自己的文化感到骄傲。在 20 世纪 90 年代的加拿大，黑人家长们总是在批评当地学校没能详细介绍历史上黑人对加拿大的贡献。加拿大新斯科舍省黑人文化中心的主任曾表示，"非洲人过去在美洲大陆上一直都只是局外人"。但现如今，随着黑人也开始成为主流，他们越发地想要了解自身的历史。对其他黑人领袖而言，他们的历史正是面对充满敌意的世界的一种方法，可以有力地回击人们心中的刻板印象。受到加拿大黑人的压力，1995 年加拿大政府宣布加拿大也将有专属于自己的黑人历史月活动。此举是"为了纪念许许多多加拿大黑人的成就和贡献，因为他们的确在历史上付出了很多，这才使得加拿大成为一个文化多元、热情又繁荣的国家"。

如今，聋人权益的活动人士正在创建一个所谓的"无声国家"，他们认为听不见并不是一项残疾，而是一种与众不同的特征。他们拒绝接受医疗对耳聋的干预，比如抵制人工耳蜗植入，或者反对训练失聪儿童说话（他们轻蔑地认为这是一种"口语至上主义"）。相反，他们坚持认为手语本身就是一门成熟的语言。他们将英语中"耳聋"（Deaf）的第一个字母大写，这表明他们认为耳聋是一种文化，而不仅仅是听力丧失而已。学者们也发表了关于聋人历史的文章，并开设相关的课程，还出版一系列相关的书籍，例如《加拿大失聪的历史传承：一种独特、多元与不朽的文化》（Deaf Heritage in Canada: A Distinctive, Diverse, and Enduring Culture）、《英国失聪的历史传承》（Britain's Deaf Heritage）。1984 年，一位名叫哈伦·莱恩的美国教授开始研究并发表有关聋人曾遭受压迫的历史。尽管他本人能够听得见，但他也正在学习手语。

今天那些自认为失聪人士的人会经常佩戴蓝丝带，因为那是纳粹曾规定聋人必须佩戴的。1999 年澳大利亚举办了一场正式的有关蓝丝带的纪念活动，活动中 7 位失聪的发言人手持蜡烛，用手语讲述了属于他们的文化、历史，以及他们如何作为一个独特的群体生存。"我们记得那些曾在口语至上主义教育中受害的失聪人士，他们曾被禁止学习手语，也不被允许接受聋人教师的教育。"他们接着说道："我们还记得，过去人们不断试图消灭我们，或利用强制绝育或禁止聋人通婚的方式，阻止我们的出生。"最近在英国召开的一个失聪人士大会上，莱恩告诉他的英国听众，美国的语言治疗师和助听器制造商已经联合起来，组织了一个强大的游说群体，试图打压"失聪人士"这一少数群体。帕迪·莱德同样也是一位热情的英国学者，他自己就是一个聋人。他非常赞同 19 世纪时法国聋人学者费迪南·贝蒂埃提出的设想。帕迪·莱德介绍说，费迪南·贝蒂埃曾想要建立一个国际聋人共同体，但这个设想被口语帝国主义者们所阻挠。在聋人的历史上，更早的 18 世纪下半叶，曾有一段失聪人士可以快乐生活的黄金时代。当时一位受人尊敬的法国牧师为失聪的儿童们建立学校，并且深深明白他们必须拥有属于自己的手语。不幸的是，对那些聋人权益的活动人士来说，历史记录显示，这位牧师实际上并没有把手语作为他的最终目标，相反他只是将手语作为他教学的一部分，最终的目标依然是教会他的学生们唇语甚至是说话。

　　失落的黄金时代可以是一个行之有效的工具，来激励现代的人们。19 世纪伟大的意大利民族主义者朱塞佩·马志尼曾敦促分裂的意大利半岛："统一无论在过去还是现在，都是意大利注定的命运。历史上，凯撒的大军和罗马教皇的权威曾两次帮助意大利公民获得了至高无上的地位，而这一地位注定会在统一的意大利人民手中第三次实现。"[1] 马志尼还是一个自由主义者，他认为一个由自治的人组成的世界，将会是一个快乐、民主与和平的世界。然而他也谨慎地告诫人们："四十年前，那些未能感知长期以来的意大利统一进程信号的人，纯粹是因为看不清历史光芒指引的道路。但如今若还有任何人，胆敢在我们人民的光荣表现面前，把他们再带回到联邦或是独立的地方、自由的思想中去的话，他就应该被打上卖国贼的烙印。"伟大的过去可以是一个承诺，但也可能会是一个沉重的负担。墨索里尼曾向意大利人许诺建立新罗马帝国，但实际上却在第二次世界大战中给意大利带来了无尽的灾难。[2]

1　马志尼曾提出将意大利建成属于人民的"第三罗马"。意大利统一后，马志尼表示，意大利作为第三罗马，需要有建立帝国的志向。他认为意大利跟古罗马一样有权主导地中海，所以意大利应该"入侵并且殖民突尼斯"，因为突尼斯是"中地中海的钥匙"。

2　第一次世界大战爆发后，墨索里尼公开主张和英、法一起参战，辱骂反战的社会党人是"卖国贼"和"恶棍"，被开除出社会党。随后，他建立了第一个法西斯组织"革命行动法西斯"。1921 年 10 月，墨索里尼把法西斯运动改为国家法西斯党，并于 1922 年发动"向罗马进军"行动，后建立了法西斯独裁政权，并声称将重塑意大利的辉煌（"法西斯"来源于"束棒"，是古罗马时期权威的象征，捆扎在一起的木条意味着权力的集中与统一）。第二次世界大战前夕，墨索里尼同德、日法西斯结成反共、侵略同盟，二战中与希特勒一起侵略他国。

在 19 世纪初，希腊的民族主义者和他们在欧洲的支持者都想当然地认为，他们正在将古希腊文明的正统继承者从奥斯曼帝国手中解救出来。历史当然会给他们第二次机会。希腊民族主义学者的著作都意图表明，古典世界与现代世界之间的确有直接的联系（其中奥斯曼帝国长达四百年的统治很大程度上被忽视了）。那些认为这种民族主义的历史观点太过简单化的外国学者，都遭到了嘲笑或无视。由于书面希腊语是仿照古希腊语的，故而一代又一代学生都在努力学习一门与他们所说语言截然不同的语言。[1] 直到 1976 年，希腊政府终于让步，并且将现代希腊语认定为官方语言。然而更危险的是，希腊过去的历史似乎预示着未来希腊帝国将迎来重生。埃莱夫塞里奥斯·韦尼泽洛斯是第一次世界大战期间希腊重要的政治家。有一次他把朋友们聚集在一幅地图前，在这幅标注现代国界的地图上，他画出了古希腊影响力最鼎盛时期的地理范围。他所画出的地区包括现代土耳其的大部分、阿尔巴尼亚的一大部分，以及地中海东部的大部分岛屿（实际上他还可以把意大利的部分地区也包括进去，但他没有这样做）。在大希腊主义的伟大理想影响之下，他在 1919 年派兵前往小亚细亚，在那里宣示

1　这里的书面希腊语是指"纯正希腊语"，纯正希腊语作为古典希腊语以及通俗希腊语的折中方案，19 世纪到 1976 年普遍用于文雅及官方场合（民众口头上依然使用通俗希腊语）。

希腊主权。[1]然而,此举带来了严重的灾难,无论是希腊军队还是世世代代生活在现代土耳其地区的希腊人都深受其害。随着凯末尔·阿塔图尔克带领的土耳其军队卷土重来,希腊军队在小亚细亚节节败退,成千上万手足无措的难民尾随在溃军之后,其中很多人甚至都不会讲希腊语。反过来在希腊,大量生活在那里的土耳其人则也不得不抛弃自己的家园和村庄来到土耳其,其中很多仅仅因为宗教信仰不同于他们的希腊邻居。[2]当年所发生的一切都已经变成历史的一部分,时至今日都还一直伤害着希腊和土耳其两国的关系。

意识形态也会呼唤历史,但在它的手中,历史更像是对未来的预言。虽然各种意识形态的虔诚信徒或许在过去遭受了苦难,并且可能依然要继续遭受苦难,但历史始终会向一个预定的结局发展。无论是像法西斯主义这样的世俗信念,还是像各种原教旨主义那样的宗教信仰,它们讲述的故事总是惊人的简

---

1 "伟大理想"指的是希腊的民族统一主义思想。其核心思想为恢复罗马帝国,建立一个以君士坦丁堡为首都,以雅典为经济中心的大希腊人国家。该思想自希腊独立后直到第二次希土战争一直都是希腊的主要内政与外交方针政策。最早提出这一概念的是一名居于希腊的瓦拉几人,阿里帕夏之子的随扈医师约安尼斯·科莱提斯。

2 1923年《洛桑条约》签署后,约200万人(约150万安纳托利亚的希腊人和50万在希腊的穆斯林)法律上在自己的家园变成难民而被强制交换到对方国家。1922年底,绝大多数小亚细亚本地的希腊人因希土战争中希腊将战败以及逃离种族灭绝而前往希腊。这一重大的强制人口交换或同意相互驱逐,不是建立在语言或种族上,而在宗教身份上。

单却又包罗万象。似乎所有发生过的事件都能符合它们所宣称的宗旨，似乎所有的事情都能被完美地解释。

作家亚瑟·库斯勒还记得，在魏玛共和国经历衰落的动荡年代，自己发现马克思主义时的那种极大的宽慰和喜悦。他觉得过去、现在和未来都变得可以理解了："新的光芒似乎从四面八方照射进来，整个世界就像拼图的碎片突然都拼到了一起，一切顿时豁然开朗。"卡尔·马克思相信，历史就像科学一样是有规律可循的，共产主义在未来一定会实现。他认为人类社会的历史就始于原始共产主义，那是一个由狩猎者和采集者共同构成的田园牧歌般的世界，那里的人们没有私有财产，但他们可以按需获得一切共有的劳动成果。马克思承诺，人类社会在历史终结的时候也将会发展成一个类似的社会，但由于拥有新的更先进的生产方式，那时的人类社会将更加繁荣。

法西斯主义也认为自己是面向未来的，但他们同样也在呼唤过去的情感和记忆。纳粹利用了许多古代的神话、传奇以及历史人物，例如腓特烈大王、12世纪神圣罗马帝国的皇帝腓特烈一世巴巴罗萨及同时期的条顿骑士团，他们参与的十字军东征不仅到达了圣地耶路撒冷，还包括了波罗的海的大部分地区。这些历史都是为了凸显日耳曼民族的天赋和文明的延续性，这意味着德国必须要继续扩张以恢复往日的光荣。希特勒在《我的奋斗》（*Mein Kampf*）中写道："我们现在要继续采取六百年前的外交政策，就是遏止日耳曼人纷纷向欧洲南部和西部移民，而使我们的视线向东去。"当然，很多宗教的原教旨主义者也会有类似的行为，他们呼唤信徒们回归"真正"的宗教，就像该宗教第一次获得神圣启示时那样纯洁。他们同样也描绘出一个过去的黄金时代，当时所有虔诚的信徒都和睦相处，遵守宗教要求他们的戒律。例如，伊斯兰原教旨主义者希望复兴哈里发制度，并且在社会中执行沙里亚法（在伊斯兰众多教派之中，到底执行哪一个教派的教法也是充满争议的）。[1]

在这些故事中，失败和挫折只是一部分，但不会对故事的真实性构成挑战。如果他们虔诚的信徒受到迫害，那都是因为敌人的阴谋诡计。当然，对希特勒来说，日耳曼民族的敌人就是犹太人。正是犹太人挑起了第一次世界大战，引发俄国十月革命，并且让德国在《凡尔赛条约》中受尽了屈辱。希特勒曾反复告诫犹太人，如果他们胆敢再发动一场战争，他将摧毁这些"欧洲的寄生虫"。第二次世界大战的爆发也是犹太人的错，所以是时候一劳永逸地好好处理他们了。然而，要说谁应该真正对那场战争负责，那一定是希特勒本人，但一般的逻辑和理性都无法进入他那封闭的世界观体系。1991年，美国的电视传道者帕特·罗伯逊曾警告他的观众，老布什总统在伊拉克的

---

[1] 哈里发本为阿拉伯帝国最高的统治者称号，相当于一般所说的皇帝，但同时兼有统治所有逊尼派穆斯林的精神领袖的意味，故又同时起到类似天主教教皇的作用。沙里亚法为伊斯兰教法的音译，是一套以伊斯兰教义为准则的法律，根据《古兰经》和可靠圣训的内容，对人民日常生活和行为作出法律规定。

胜利，并非如表面上看起来的那样。他这么做并不是为和平而
是在为邪恶的胜利铺路。对罗伯逊来说，这些邪恶的胜利是一
目了然的：自从1917年俄国十月革命以来，就有一个秘密的
阴谋一直在推动世界朝着社会主义和反基督教的方向发展。欧
盟很显然是这个阴谋的一部分，联合国也是。海湾战争和萨达
姆向以色列发射导弹，都是这一阴谋朝该方向走的又一步。

铭记过去的罪恶有助于宗教维持其信徒的虔诚。是的，或
许现在看起来是黑暗的，但这不也正是信徒们的胜利或天堂降
临前会常常出现的景象吗？2001年"9·11"事件发生几周后，
奥萨马·本·拉登发布了一个影片，在片中他兴高采烈地宣扬
摧毁世贸中心双子塔的"伟绩"："我们伊斯兰国家已经遭受羞
辱和蔑视长达八十多年，我们的子孙被杀害，他们鲜血横流，
伊斯兰教的圣神也被亵渎了。"但西方世界很少人了解他说的
这些事情，伊斯兰教的影响在近代持续衰落，这是随着哈里发
制度被废除而开始的。1924年，现代土耳其国父凯末尔废除
了奥斯曼帝国最后一任苏丹及其王室，此举大大推进了土耳其
的世俗化进程，却没有在西方受到什么关注。身为哈里发，奥
斯曼帝国的历任苏丹都宣称自己是全世界穆斯林的精神领袖。
最后一任哈里发是一位温和的诗人，他被废除王位后悄然流亡
海外。对于从印度到中东地区许许多多的穆斯林来说，废除哈
里发沉重地打击了他们建立一个奉行神的律法的统一穆斯林世
界的梦想。对本·拉登和那些与他有类似想法的人来说，正是

穆斯林世界的不统一才使得西方列强可以控制中东地区，肆意攫取他们的石油，借着建立以色列而夺取他们的土地，使得他们的领导人腐败，还使普通的穆斯林也迷失方向。沙特阿拉伯的统治者曾犯下的最大罪过，就是让美国军队开进了穆斯林最神圣的圣地。实际上，本·拉登所说的伊斯兰教的屈辱史不只是过去的八十年。十字军东征、摩尔人在西班牙战败、19 世纪西方的帝国主义，以及 20 世纪的种种罪恶，这些都构成了穆斯林在历史上饱受屈辱的黑暗历史。这样的历史叙述不仅可以让伊斯兰教的追随者保持愤怒，让他们始终热血沸腾，还能不断吸引新的信徒加入。

虽然我们中的绝大多数人不会有上述这种如此天真的历史观，但我们发现，历史的确可以被用来为我们现在所做的事情辩护。2007 年，加拿大总理斯蒂芬·哈珀访问法国，专程为纪念维米岭战役[1]的纪念馆重新揭幕，这个纪念馆是为了纪念发生在 1917 年的那场战役中的死难将士而建立的。加拿大人对他们的政府支持小布什的反恐战争非常不满，也对加拿大军

---

[1] 1917 年第一次世界大战接近尾声时，协约国为了突破德国的西线防线，决定让加拿大军队进攻维米岭高地。由于此前两年英军对维米岭久攻不下，加拿大军队对这场战役做了充足的准备。战役中加拿大军队通过为期一周的炮击出奇制胜。最终加拿大以 3598 名士兵阵亡和 7104 名士兵受伤的代价控制了整个维米岭。而德军方面有大约 20000 士兵阵亡，4000 余人被俘虏。这场战役是加拿大军第一次独立地参与一场战役。而且，来自加拿大全国 9 个省份的军人都参加了维米岭战役，这场战役也被称为"加拿大成长的日子"。

队在阿富汗不断增加的损失感到不安。但斯蒂芬·哈珀早已表
明他的立场：加拿大会支持华盛顿在几乎任何重大国际问题上
的决定，这正是加拿大的国家利益。同时他还打算在未来一段
时间内继续让加拿大军队驻扎在阿富汗。在演讲中，他强调占
领维米岭战役是加拿大军队的胜利，这是加拿大的一个伟大
时刻。他说："每个国家都有关于自己的故事，第一次世界大
战和维米岭战役就是我们加拿大国家历史的重要故事。"然而
加拿大人也为那场战役的胜利付出了沉重代价。由于哈珀的
用词不当，他的讲话听起来似乎对战争除了赞美还颇有微词。
他当时对台下的人说，如今活着的人有义务去记住逝者"巨
大"的牺牲，以及自己身上的"巨大"责任。[1] 这个责任就是
"以先人为榜样，永远爱我们的国家并永远捍卫祖国的自由"。
斯蒂芬·哈珀还劝说在现场和加拿大国内的广大听众，去倾
听逝者的声音。"我们似乎能听到他们在轻声说：我爱我的家
人，我爱我的伙伴们，我爱我的国家，我将誓死捍卫他们的
自由。"然而在加拿大，并不是每个人都赞同哈珀对维米岭战
役的看法。我们每个人对过去以及它对现在的意义，都有不
同的看法。

从过往的历史中找出令人不满的事非常容易，而许多国
家和人民正是这样做的。20 世纪 70 年代，拉丁美洲的民族主

1　英文中"enormity"一词既有"巨大"的意思，也有"暴行"和"穷凶极
恶"的意思。故哈珀的讲话中选用这个词会引起人们的误读。

义者将他们当时遇到的所有问题都归咎于殖民主义。第一次世界大战结束后，一个新国家——南斯拉夫成立的时候，塞尔维亚人和克罗地亚人却拥有不同的历史记忆。在塞尔维亚人眼中，他们认为自己解放了那些南方的斯拉夫人，克罗地亚人的历史却将此描述成他们很不情愿地被拖进了一个由塞尔维亚人统治的国家，并被剥夺了在政府中应享有的同等的政治权力。

在法裔加拿大民族主义者心目中，英国人在 1763 年对他们的占领，使得他们承受了过去两个半世纪之久的耻辱。[1] 但他们却淡化或忽视了他们友好的过去，实际上许多法裔加拿大人和英裔加拿大人之间确实存在很多合作或友谊。在法裔加拿大人的眼中，他们天真、善良、支持社群主义、宽容他人，他们都是历史故事中的英雄；而英裔加拿大人则冷酷无情、缺乏激情、贪婪成性，他们是历史中的反派。埃丝特·德利勒是一位专门研究魁北克地区的历史学家，她曾经试图在法裔加拿大人一贯的历史叙述之外，发现更多复杂多元的历史图景，但她也遇到了不小的麻烦。她认为著名学者和教授利昂内尔·格鲁神父已经成为法裔加拿大民族主义者的偶像，却似乎故意忽略了他的反犹太主义立场。虽然那些民族主义者强调，两次世界大战中的征兵危机均使魁北克遭受了不公对待，但埃丝特·德利勒指出，民族主义者没能正视一个事实，那就是第二次世界

1　1763 年英法交战双方于法国巴黎签订和约，标志着七年战争的结束。条约规定，法国将整个法属加拿大（圣皮埃尔和密克隆群岛除外）割让给英国。

大战中魁北克对亲纳粹的法国维希政府抱有极大的同情。正如埃丝特·德利勒最近关于皮埃尔·特鲁多的研究所表明的，他与当年其他年轻的法国精英一样，从 1939 年到 1945 年间始终专注于自己的生活和事业，并没有过多关注世界上正在发生的事情。埃丝特·德利勒写道："我阅读皮埃尔·特鲁多、热拉尔·佩尔蒂埃和热拉尔·费利恩和其他当年前途光明的法裔加拿大精英的回忆录时，发现他们当时并没看见什么，没听见什么，也没说过什么，他们只是对反对征兵这件事微微有一点兴趣……在这些沉默和谎言的背后，不仅仅是他们在纸上自恋地随便写写这么简单。而是因为同盟国胜利了，他们不得不隐藏起自己对同盟国颇有微词的立场。这些人不得不忘记，并也让其他人忘记，他们中最恶劣者以前曾被法西斯主义和独裁的想法所吸引，即便是没那么严重的人，也没能在当年坚持反法西斯主义的立场。"[1]

　　无论是过去历史中的荣耀还是曾经的错误，对现在来说都是有用的工具，但这些历史也常常要承受被滥用的代价。当人们发现某些证据可能会挑战他们所偏爱的历史观点时，他们会故意忽视甚至压制那些证据，这也是一种对历史的滥用。在如

1　皮埃尔·特鲁多曾两度出任加拿大总理，执政近十六年。热拉尔·佩尔蒂埃是一位加拿大政治家、记者，曾在特鲁多的内阁中身居多个要职，曾出任加拿大驻联合国代表。热拉尔·费利恩是一位加拿大商人、记者，曾任魁北克当地法语报纸《义务报》（*Le Devoir*）的主编。

今的日本，右翼民族主义分子对考古学家的发现感到愤怒，因为考古学家想要去调查日本历代皇室成员散落在各地的墓葬。多年来，学者们一直要求获得调查这些墓葬的权利，其中一些甚至可以追溯到公元3、4世纪。民族主义者的愤怒主要是源于他们的信仰，他们相信天皇是神圣的，而且是天照大神一脉相承的后裔。在民族主义者看来，日本是一个"神国"。然而对此更常见的看法却是，日本皇室最初来自中国或韩国。即使这不是真的，日本与东亚大陆上的其他民族之间很可能存在着大量的通婚，故而皇室的血统里也可能含有不属于日本人的基因。如果考古学家的调查真的能找到证据来证实这一假设，那么日本民族主义神话中最关键的部分就被摧毁了。

日本人对待皇室墓地的方式，一直随着每个时代当下的政治潮流而变化。当天皇只是日本名义上的首脑时，大多数皇室墓地都被人们忽视了。随着19世纪下半叶的明治维新，日本开始快速现代化的伟大国家计划，代表国家意志的天皇成为推动这些革新的象征，因此日本也出现了一群崇拜天皇的民族主义狂热分子。那个时候，当有人发现疑似天皇的陵墓时，政府就会马上买下这片土地，并将其所有者迁走。这些陵墓一直都是被禁止发掘的，直到1945年日本战败，才开始对其进行调查。战后美国占领日本，开始一项雄心勃勃的计划，希望能够重建日本社会，其中就包括重新编写日本历史。从理论上讲，禁止发掘天皇陵墓的禁令被解除了，同时也确实有一些发现表明，中国和韩国对日本早期文化有广泛影响。然而，要进入这些陵墓仍然很困难，因为负责掌管天皇、皇室及皇宫事务的宫内厅坚称，这些陵墓是宗教性场所，不应该打扰天皇先祖们的灵魂。考古学家则继续坚持要求宫内厅允许他们进行更全面的勘察。其中一些人甚至收到了激进的民族主义社团的死亡威胁。

担心历史的调查可能会暴露什么秘密，这样的事绝不只存在于日本官方。1992 年，在华盛顿州肯纳威克附近的哥伦比亚河上，几名观看水上飞机比赛的观众无意中发现了一个人类头骨。这一发现，引发了一场长达十余年的争论。争论主要围绕这块头骨以及此后相继发现的其他骨骼而展开。这些遗骸都是史前时代的，大约有九千年的历史。有趣的是，头骨的特征似乎具有高加索人种的特征，而不是当地原住民的特征。这些发现挑战了当时被人们普遍接受的观点，认为北美洲的原住民才是美洲的第一批也是唯一的本地居民。美国联邦政府本不想处理这类问题，故而准备将这些遗骸移交给美国的原住民部落，但科学家们却起诉联邦政府，要求拥有研究这些遗骨的权利。尤马蒂拉部落的人们认为，根据他们自己的神话，他们的部落才是最早生活在肯纳威克附近的人。一位部落成员说："我有关于我们部落可以追溯到一万年以前的口述历史。我知道我的先人们过去住在哪里，在哪里死去，在哪里狩猎，在哪里捕鱼，埋葬在哪里，因为我们口耳相传的历史告诉我这些。"因此，他们相信肯纳威克附近发现的骸骨是他们的祖先，必须被妥善安葬。此外，如果同意让科学家研究这些骸骨，那么美国政府就是在蔑视该部落的神圣信仰。经过长达八年的法律诉讼，法院最终裁定，这些遗骨仍归美国陆军工程兵部队所有，科学家也因此有权进入发现遗骨的土地开展研究。[1]

一向被某个群体所接受和认可的历史一旦受到挑战，会是一件令人痛苦的事情。但正如迈克尔·霍华德所说，（能够接受对过往历史的挑战）是一个群体成熟的标志。近年来，爱尔兰经历了一次重大的历史修正，这背后的部分原因是爱尔兰如今非常繁荣，充满了成功与自信，因此他们过去那种受害者心态的历史叙述已经不能再引起很大共鸣了。于是，过去那种老旧且过于简单的历史叙述——爱尔兰天主教民族主义者与北爱尔兰新教徒及其英国支持者之间相互对立，各自拥有的两个截然不同的历史版本——如今正在被修正成一段更完整且复杂的历史，甚而一些在过去非常重要的民族神话也被打破了。在第一次世界大战中，人们曾经认为只有新教徒参与了战争。如果站在这个角度来看，第一次世界大战期间，那些民族主义者则似乎只忙于密谋叛变或争取自由的斗争。但事实上，当时

---

1 2015 年 6 月，丹麦哥本哈根大学的科学家使用最先进的 DNA 检验法，证实肯纳威克人的确与现代美洲原住民有血缘关联。分析证实，肯纳威克人的基因与华盛顿东北部的美国印第安人科尔维尔族密切相关。2016 年 9 月，美国国会通过立法，将肯纳威克人归还给哥伦比亚盆地的部落联盟，并根据其传统仪式重新安葬。2017 年 2 月 18 日，肯纳威克人的骸骨被正式安葬，出席其葬礼的哥伦比亚盆地部落联盟成员有 200 人。

约有 21 万名来自爱尔兰的志愿者帮助英国人抗击德军，其中大多数是天主教徒和爱尔兰民族主义者。而复活节起义并不完全是一场由爱尔兰的爱国者发起的（作为一个民族神话的）集体行动，至少在一定程度上是内部权力斗争的结果。爱尔兰时任总统玛丽·麦卡利斯在伦敦的一次演讲中说："过去我们的历史所强调的许多事件让我们彼此分化，但面对未来，我们愿意乐观地认为爱尔兰将会变得更好。在那里我们将不仅发展新的关系，也能用更舒适宽容的眼光重温过去，并且会发现……过去长久以来被我们忽略的直系亲属关系，以及被我们故意疏远的同宗远亲们。"

除了被扭曲的历史和被压制的证据，更糟糕的就是完全错误的历史。有时候，这种做法背后的动机是好的，是为了让那些遭受过许多苦难、生活在无力或屈辱中的人建立起自尊心。1923 年，美国黑人领袖马科斯·加维写了一篇名为《谁是黑人？什么是黑人？》（"Who and What Is a Negro?"）的文章，试图把过去奴隶制从黑人身上偷走的东西还给他的同胞——他们也和别人一样拥有过去，也拥有属于他们自己的身份和在过去所作出的成就与贡献。然而，他却更进一步提出了一些无法证实的说法。他说："每一个学过历史且思想没有偏见的人都应该知道，黑人曾经统治世界，那时白人则是住在山洞里的野蛮人。当时有几千名黑人教授在亚历山大的大学任教，亚历山大是当时的学术中心。最初古埃及创造了世界文明，希腊和罗马却夺走了埃及的艺术和文化，并把过去所有的成就都据为己有。"类似的观点至今仍在不断出现，认为文明就像一支火炬，从撒哈拉以南的非洲传到埃及，然后被希腊和罗马窃取到了欧洲。这是一种古怪的、静态的观点，认为文明可以从一个民族转移到另一个民族，或者世界上只有一种"文明"。实际上，世界上始终都存在着许多不同的文明，它们是不断流动和变化的。影响不同文明形成的力量来自文明内部，也来自外部。当然，希腊文明就受到许多外来的影响，但它们很可能来自东方，这种可能性与来自埃及的可能性是一样的。而且几乎没有证据表明，埃及文明主要起源于撒哈拉以南。

最近，学者们试图通过语言学和考古学的证据来论证这一说法。马科斯·加维的支持者称，"雅典"本来是一个非洲单词，苏格拉底应该是黑人，因为有一尊他的雕像显示他长着扁平的鼻子。这一领域的学者已经驳斥了这些证据，但是对于马科斯·加维更坚定的支持者来说，学者们的做法只会更加证明欧洲人从古希腊时期开始，就一直谋划着一个巨大的阴谋，来掩饰他们窃取埃及文明的行为，以及他们没有能力自己创造文明的事实。据塞内加尔的历史学家谢赫·安塔·迪奥普的说法，欧洲人甚至在过去几个世纪里故意留下了一系列错误的证据。[1]

---

1 塞内加尔学者谢赫·安塔·迪奥普是非洲历史哲学的奠基人。他的学术观点被称为非洲中心主义，主要包括：人类历史和文明起源于非洲，古埃及文明的主体是黑人，黑人和古埃及对人类历史和文明的进化做出了突出贡献。

这些故事与真实的历史的关系，就像是小说《达芬奇密码》（*The Da Vinci Code*）与基督教神学的关系。它们或许会在短时间内让人们获得强烈的自豪感，但人们也要为此付出代价。

在 20 世纪 90 年代的印度，印度教民族主义的发展给印度带来了非同寻常的变化，民族主义者们试图消除一部分过去的传统，还要改写印度历史。1992 年，在右翼印度政客支持下，印度教原教旨主义者摧毁了印度北部阿约提亚的一座始建于 16 世纪的清真寺，理由是它建在印度教的神祇罗摩的出生地之上。受此鼓舞，这些民族主义者宣布将继续摧毁其他穆斯林遗址，其中还包括泰姬陵。这些行动都是一场更大运动的一部分，目的是保证印度教是印度唯一的宗教，用印度教民族主义者的话说，这就是"印度教特性"要实现的目标。[1]

印度的历史不可避免地成为印度教民族主义的一个关键组成部分。根据现有证据而得出的一般看法认为，肥沃的印度河流域在公元前 3000 年至公元前 1700 年之间，曾孕育出了哈拉帕文明。当游牧的雅利安人从北方南下时，哈拉帕文明就渐渐被吸收或是消灭了。那些南下的雅利安人或许是和平的迁徙者，也可能是好战的侵略者。但这种历史叙述对印度教民族主义者来说并不适用，因为这意味着印度本土的文明早已被外来文明所取代，而他们自己如今的文化可能掺杂了外来的元素。

---

1 "印度教特性"思想是一种印度教民族主义思想，它强调印度教文化和印度教传统，目的是建立一个印度教占据主导地位的印度国家。

正如当今印度教民族主义者的精神领袖马达瓦·戈尔瓦卡在20世纪30年代所写的，"印度人不是从别的地方来的，而是从远古时代起就始终生长在这片土地上"。当然，这种对人类和文明发展与融合方式的看法，是极为荒谬且过于简单的。毕竟，文明不像是封存在琥珀里的苍蝇那样，永远一成不变，而是更像有许多支流的河流，复杂而又蜿蜒曲折。

当印度的民族主义政党印度人民党在1998年赢得中央政府权力时，他们立即开始按自己一贯的理念重新解释历史。他们宣称哈拉帕文明实际上就是雅利安文明，因为哈拉帕遗址曾发现过一枚陶质印章，上面画着象征游牧文明的马（不幸的是，这个决定性的证据后来被证明是伪造的）。此外，印度人民党政府还自信地宣称，哈拉帕文明比之前人们所认为的还要古老得多。事实上，1998年至2004年间负责教育事务的部长穆利·马诺哈尔·乔希宣布，他发现了一个更古老的原始印度文明，他和他的支持者将其命名为萨拉斯瓦蒂[1]。然而，印度最受尊敬的历史学家之一的罗米拉·塔帕表示："目前尚没有足够的证据来证明这一论断。"尽管如此，至少对印度人民党及其支持者来说，印度很显然就是世界上第一个文明的发源地。印度不仅比其他国家更早地拥有各种发明，取得各种进步，而且还影响世界其他地区文明的发展。在这种看法里，中国人可

1　萨拉斯瓦蒂是印度教女神辩才天女的音译，代表着医疗、子嗣、财富、智慧、美貌、音乐，传统上她被认为是主神梵天的妻子。

能会惊讶地发现，他们竟然也成了印度教战士的后代。古印度
时期的语言梵语，被印度教民族主义者视为所有其他语言之
母。他们认为《吠陀经》是最古老的梵文文本，是大部分现代
知识的基础，甚至包括所有数学知识。

为了确保印度学生都能接受这些认识，乔希编订了新的教
科书。书中强调了诸如瑜伽、梵语、占星术、吠陀数学及吠陀文
化等"印度"科目。他也想方设法安排印度教民族主义者进入各
个学校董事会和研究中心工作。这些民族主义者在历史方面的专
业程度并不重要，他们那种简单的对印度历史和文化的坚定支
持态度，才是最重要的。位于德里的备受尊敬的印度历史研究
学会则被告知，学会中研究印度早期历史的历史学家将被一名
工程师取代。但是因为公众质疑该继任者的资历，并且不满于
他对基督徒和穆斯林的攻击态度，这一任命最后没有通过。

在这些看似可笑的试图重塑印度教育的背后，隐藏着一
个更加险恶的政治目的。印度人民党及其支持者认为印度是一
个印度教国家，而且这样的意识形态反映了印度教高种姓阶层
的价值观，其中就包括对牛的崇拜和禁吃牛肉。他们心目中的
印度，像穆斯林和基督徒这样的少数宗教群体几乎没有容身之
处，种姓较低的印度教徒也只能在夹缝中生存。印度人民党
对印度历史的看法是，印度文明从一开始就像今天一样完全
等同于印度教的文明。即使是最微小的可以表明古印度文明
并非全都是印度教文明的证据——比如古代印度人可能吃过

牛肉——也必须从记录中抹去。一位印度教民族主义者承认，确实有证据表明，在古代印度高种姓的印度人吃牛肉，但如果让学生们知道这一点的话，会让他感到困惑，甚至会给他们造成心理创伤。

在印度人民党看来，印度在过去是一个印度教徒始终过着幸福和平生活的国度，直到外来的穆斯林和英国人通过抢劫、掠夺和强迫皈依，才破坏并分裂了印度社会。新版的教科书详述这些外来者的罪状，但对印度教统治者在过去时常犯下的残暴罪行却几乎只字不提。此外，新版教科书还忽略了大量的证据，这些证据表明在过去几个世纪里，穆斯林、印度教徒、基督徒和锡克教徒——实际上是几乎所有宗教的信徒——很大程度上都在和平相处、互相借鉴和学习。当穆斯林入侵者将莫卧儿和波斯的艺术风格带入印度时，这些艺术风格渐渐被印度已存在的艺术风格所消化与吸收。莫卧儿帝国的皇帝阿克巴曾深受其他宗教的吸引，并尝试建立一个融合伊斯兰教、印度教和基督教元素的宗教，但最终没有成功。印度独立后的首任总理贾瓦哈拉尔·尼赫鲁曾坚定地持有世俗主义和宗教宽容的立场，希望能够建立一个多民族、多信仰的印度。然而，以上的这些历史都没有出现在坚持印度教特性信仰的印度历史叙述之中。相反，穆斯林被描述成一直以来都是印度教徒的敌人，除非他们改变信仰或以其他方式被对待，否则他们永远不会改变对印度教徒的敌意。

　　那些指出印度教民族主义历史叙述中的明显缺陷的历史学家，通常都被印度社会谴责为马克思主义者，或纯粹是坏印度人。一位原教旨主义者曾说，很遗憾印度教没有伊斯兰教那样的伊斯兰教令[1]（fatwa）。然而在事实上，极端的印度教民族主义者的行为却好像正在执行伊斯兰教令。包括罗米拉·塔帕在内的不少学者，都曾出版过与印度教特性所宣扬的教义相悖的作品，他们因此会收到恐吓邮件，甚至是死亡威胁。正如经常发生的那样，海外的印度人，往往才是最替所谓真正的印度历史和文化辩护的积极分子。罗米拉·塔帕在美国演讲时曾遭到跟踪；而在伦敦的一次演讲中，一位印度教激进分子向温迪·多尼格教授扔鸡蛋，因为她竟敢在演讲中讲述伟大的印度教史诗《罗摩衍那》；在加利福尼亚州，印度教徒的父母们则出现在州立学校董事会面前，要求将罗米拉·塔帕等"印度攻击者"以及哈佛大学的学者迈克尔·威策尔等人提出的错误论断，从教科书中清除。他们列出的错误，不出所料地包括了雅利安人南迁到印度的内容。

　　在一系列特别离奇的事件中，明尼苏达州一所小型学院的美国学者詹姆斯·莱恩发现自己成了民族主义者攻击的目标。莱恩

1　伊斯兰教令是伊斯兰教信仰中，由伊斯兰学者对于伊斯兰教法议题作出的宗教性诠释。伊斯兰教令的地位类似于在普通法法庭上所提出的法律意见书。伊斯兰教令通常包括伊斯兰学者针对某个特定案件所进行的推论，解释裁决根据的理由。

曾写过一本书，研究 17 世纪时印度国王和英雄希瓦吉生平的神话。[1] 他在书中曾大胆地提出，在所有关于希瓦吉的故事中，有一段似乎在取笑希瓦吉可能不是他父亲的亲生儿子。位于希瓦吉家乡马哈拉施特拉邦的右翼政治运动组织湿婆神军党，后来成功地让牛津大学出版社撤销了这本书的出版。2004 年初，一群暴徒殴打并侮辱了一位德高年迈的印度学者，原因就是他的名字出现在詹姆斯·莱恩著作的致谢之中。另一群暴徒闯入了位于普纳的一间研究所，讽刺的是，他们毁坏了古代印度教的著作和绘画，并打碎了印度教的学习女神雕像，其原因是詹姆斯·莱恩曾在那里工作过。而普纳警方的回应却是，指控莱恩和牛津大学出版社"蓄意挑衅，意图引发骚乱"。印度的温和派则对此感到气愤，并称此举可能令印度面临"塔利班化"的危险。

这些攻击背后的动力，当然既与过去有关，更与现在有关。这反映出印度社会中存在印度教与世俗主义的对立，以及政客们试图借此迎合印度教民族主义情绪。在 2004 年春季的印度大选中，詹姆斯·莱恩的著作正好成了政客们竞相展示自己是多么支持印度教和印度传统的平台。有人甚至呼吁国际刑警组织逮捕莱恩。来自印度人民党的时任印度总理阿塔尔·比哈里·瓦杰帕伊表示，外国作家必须明白，他们决不能损害印度的尊严与骄傲。

---

1 詹姆斯·莱恩的这本著作名为《希瓦吉：伊斯兰时代的印度教国王》(*Shivaji: Hindu King in Islamic India*)。

第五章

历史和民族主义

人们有许多方式将自己的身份与他人区分开来，至少在过去两个世纪里，民族国家一直是最吸引人的划定群体界限的方式之一。这种方式让人们意识到自己是一个大家庭中的一员，或者用本尼迪克特·安德森的话来说，属于一个想象的共同体，这种民族主义思潮几乎已经和法西斯主义一样具有强大的力量。民族主义不仅造就了德国和意大利，摧毁了奥匈帝国，还在后来分裂了南斯拉夫。为了他们的"民族"，许许多多的人遭受痛苦和死亡，同时也伤害和杀害他人。

历史可以为民族主义提供更多的动力。它创造集体记忆，以此来帮助民族共同体建立自己的国家。无论是对民族伟大成就的集体纪念，还是对失败的共同缅怀，这些都孕育并支撑了民族国家的发展。一个民族可以被追溯的历史越久远，这个民族似乎就越稳固、越持久，它所主张建立的民族国家也就越有价值。19世纪的法国思想家欧内斯特·勒南曾写过一部关于民族主义的早期经典著作，驳斥了其他所有的民族存在的理由，比如血统、地理、语言或宗教等。"一个民族，"他写道，"就是一群团结在一起的人，他们因为过去曾作出的牺牲，或将来要作出的奉献而聚集在一起。"但他的一位批评者却反驳说："一个民族，是一群因对过去的错误看法，以及对邻国的仇恨而团结在一起的人。"在勒南看来，民族的存在是建立在其成员同意之上的，"民族的存在应该是每天都举行全民公决，需要持续得到其每一个成员的认可，这正如个体的存在是他不断延续自己的生命一样"。对许多民族主义者来说，似乎并不存在所谓自愿同意这种事。当你出生在一个民族之中，则无法自愿选择是否属于这个民族，即使有历史因素的介入，你也无法改变自己的族属。第一次世界大战后，当法国宣称拥有莱茵兰（莱茵河左岸地带）时，他们强调的一个理由是，尽管那里的人说德语，但他们实际上是法国人。虽然他们之前很不幸地落入德国人的统治之下，但他们在本质上仍然是法国人，这一点可以从他们对葡萄酒的热爱、他们的天主教信仰，以及他们对生活乐趣的追求上体现出来。

勒南试图解释的实际上是一种新现象，因为民族主义在人类历史上确实出现得非常晚。许多世纪以来，大多数欧洲人都不认为自己是英国人（也不是英格兰人、苏格兰人或威尔士人）、法国人或德国人，而习惯认为自己属于某个特定家庭、宗族、地区、宗教或行会。有时他们会以他们的领主来划分自己的身份界限，无论标准是当地的男爵还是君王。后来，当他们开始称自己为德国人或法国人的时候，他们不仅认为这个身份是一种政治差异，更看重其文化上对不同民族的区分。而且他们确实不会像现代民族运动通常主张的，认为国家有权在一块特定的领土上统治自己。

过去那些界定自己身份的办法一直延续到现代。第一次世界大战后，当国际联盟的委员会试图确定欧洲中心各国的边界时，他们常常遇到的问题就是，人们不知道自己到底是捷克人还是斯洛伐克人，是立陶宛人还是波兰人。若是回答这些问题，人们往往说自己是天主教徒或东正教徒，是商人或农民，甚至只是这个或那个村子的人。意大利社会学家达尼洛·多尔奇在 20 世纪 50 年代曾惊讶地发现，西西里岛腹地竟然有一些人从未听说过意大利这个名字。虽然从理论上讲，他们好几代人都早已经是意大利人了。然而，随着民族主义日益成为欧洲人界定自己身份的方式，这些西西里岛的居民成了少数被民族主义浪潮遗忘的人。促进民族主义浪潮快速发展的因素有很多，包括通信速度的加快、人们文化水平的提高、城市化的发展，其中最重要的因素就是，将自己视为某个民族的一分子是正确且恰当的，同时一个民族也应该在自己的领土上建立现代国家。这些因素推动民族主义浪潮在 19 世纪撼动欧洲大陆，到 20 世纪则开始席卷全球各地。

尽管有所有这些关于永恒民族的谈论，但它们都不是由命运或神创造的，更不是由历史学家创造的，而是因为人类活动而产生的。这一切都始于 19 世纪。那时学者们开始研究各种语言，把它们分成不同的语族，并试图确定这些语言可以追溯到多久以前的历史。他们发现了一些可以解释语言变化的规律，至少可以令语言学家们自己满意的是，他们能够确定几百年前的文本是用德语或法语等语言的早期形式写成的。像格林兄弟这样的民族志学者，他们收集了许多德国民间故事，旨在证明德意志民族在中世纪时就存在了。历史学家孜孜不倦地复原这些古老的故事，并且把他们认为对本民族重要的历史拼凑起来，仿佛这个民族的历史自古以来就从未间断过。考古学家声称他们已经发现证据，可以证明这些民族曾经生活在哪里，以及他们在大迁移浪潮中迁徙到了哪里。

上述这些研究日积月累的结果，就是对民族是如何形成的这个问题，创造了一个不真实但有影响力的历史解释。不可否认的是，从哥特人到斯拉夫人，不同的民族都曾进入并遍布欧洲，他们与欧洲已有的民族发生了融合。这种观点把欧洲的历史比作抢椅子游戏。像是在中世纪的某个时间点，游戏的音乐戛然而止，正在嬉戏的各个民族要立刻坐到他们的椅子上，一个椅子给了法国人，一个给了德国人，还有一个留给了波兰人。于是，历史在此刻把他们定格为了"民族"。例如，德国历史学家可以描述一个古老的德意志民族，他们的祖先在罗马帝国之前就快乐地生活在他们的森林里，而在某个时刻，可能在公元 1 世纪，这个族群正式成为可以被识别的"德意志民族"。于是就有了一个危险的问题，究竟哪里才是真正属于德意志民族的土地呢？或者哪些土地又属于其他"民族"呢？究竟是德意志民族现在居住的地方，还是他们最初在历史上出现时居住的地方，还是两者都是？

如果学者们当初能够预料到他们所做的研究最终会导致什么结果，他们还会继续其对历史的推测吗？他们该如何看待，自己的研究最终导致了意大利和德国的血腥战争？他们该如何解释，民族主义的激情和仇恨分裂了古老而又多民族的奥匈帝国？他们该如何认识，第一次世界大战后，新老国家竞相利用历史理由对同一块领土提出主权要求？他们又该如何面对，希特勒和墨索里尼依靠宣扬民族和种族问题而建立的恐怖政权，以及他们总是对其他国家的土地拥有惊人的需求？

矛盾的是，正如英国历史学家埃里克·霍布斯鲍姆所言，"民族主义是一个现代概念，但它却为自己发明出了许多子虚乌有的历史和传统"。那些曾经助长过，并仍在为民族主义提供支持的历史，基本上都是从已经存在的事实中衍生出来的，而不是凭空捏造新的事实。这些历史往往包含着许多真实的过去，但它们倾向于证实某个民族自古以来的存在，并对这个民族在未来将继续存在保持乐观的预期。历史也有助于创造胜利或失败的象征，例如滑铁卢战役、敦刻尔克战役、斯大林格勒战役、葛底斯堡战役，或者对加拿大人来说，维米岭战役。这些历史突出了过去领导人的功绩，例如查理·马特在图尔击败摩尔人；伊丽莎白一世在普利茅斯高地面对西班牙舰队；霍雷肖·纳尔逊在特拉法加击败法国舰队；乔治·华盛顿拒绝对樱桃树事件说谎。民族主义也经常利用宗教身份认同来为自己张目，想想那些模仿殉道者或十字架上的基督的战争纪念碑，或者像为了 11 月 11 日而精心策划的仪式。[1]

如今人们以为的许多历史悠久的象征和仪式往往是近些年才被发明出来的，因为每一代人都会通过回顾历史，从中找到满足自己当前需要的东西。1953 年，世界各地的电视观众都满怀敬畏地观看了一场古老的加冕典礼：女王乘坐镀金的四轮马车穿过伦敦，庄严的队伍进入威斯敏斯特教堂，还有那些音乐、华丽的装饰、坎特伯雷大主教身着的华丽长袍，以及精心策划的加冕仪式。[2] 当时我还在加拿大上小学，是在一本小册子上读到这一切的。但我们大多数人所不知道的是，我们满怀敬意观看到的这些仪式，绝大部分都是 19 世纪才产生的。而再早之前的加冕典礼实际上十分草率，有时甚至令人尴尬。1820 年，当身材肥硕的乔治四世加冕时，与他关系不和的王后卡罗琳竟被禁止参加典礼。在 1837 年维多利亚女王的加冕

1　11 月 11 日是英联邦国家的国殇纪念日。每年的 11 月 11 日，英联邦国家（莫桑比克除外）都会纪念在第一次世界大战、第二次世界大战和其他战争中牺牲的军人与平民。

2　1953 年 6 月 2 日英国女王伊丽莎白二世的加冕礼通过英国广播公司（BBC）在电视上播出，观众包括 2 千万英国人和近 1 亿北美居民。

典礼上，不仅神职人员频频出错，坎特伯雷大主教为女王准备
的戒指也出现问题，因为它对女王纤细的手指来说太大了。直
到 19 世纪末，随着英国变得越来越强盛，作为国家象征的君
主也变得更加重要，君主加冕仪式变得越来越隆重浩大，也经
过了更加认真的演练，还加入很多新的仪式，例如，来自威尔
士的激进派首相大卫·劳合·乔治发现，如果能在古老的卡那
封城堡内为后来的爱德华八世举行册封威尔士王子的仪式，会
有非常好的效果。

在众多的民族象征之中，科索沃战役是最著名的之一。这
场战役发生在 1389 年，塞尔维亚军队在科索沃被奥斯曼土耳
其帝国的军队击败。在塞尔维亚民族主义者的传说中，这既是
一场世俗的失败，也是一场宗教上的失败，然而这场失败却蕴
含着民族复兴的希望。对于塞尔维亚民族主义者来说，这场
战役是一个再明显不过的悲剧。信奉基督教的塞尔维亚人的失
利，是因为被信奉伊斯兰教的奥斯曼人背叛。战争开始的前一
晚，塞尔维亚的领袖拉扎尔大公似乎受到上帝的感召，被上帝
应许将会拥有天堂的王国，或者可以统治人间的王国。作为一
名虔诚的基督徒，他选择了前者，但这个选择背后预示着，塞
尔维亚民族总有一天会在人间迎来复兴。这到底算是宗教上的
救赎还是世俗层面的救赎呢？后来拉扎尔被一位塞尔维亚同胞
出卖战死沙场，但他的人民依然忠于他们的信仰，始终铭记这
次失败以及上帝曾对他们的应许，并且在此后四百年间不断致

力于复兴塞尔维亚民族。

这个故事的问题是，它不仅过于简单，而且部分内容并不能被当时简略的记录所支持。拉扎尔大公并不是所有塞尔维亚人的统治者，当初斯特芬·杜尚建立的塞尔维亚帝国走向没落的时候，拉扎尔大公只是争夺权力的几位大公之一。当时有一些大公已经同奥斯曼人讲和，并受封成为奥斯曼土耳其帝国苏丹的从属，他们因此派遣军队去攻打拉扎尔大公。目前的史料尚不明确，这场战役对塞尔维亚人来说是否真的是一场彻彻底底的失败。但当时的一些记录显示，塞尔维亚人在这场战役中获得了胜利。当然战争的结果也可能是一场平局，因为此后双方都有一段时间没有再向对方挑起战争。而未被奥斯曼土耳其帝国彻底征服的塞尔维亚帝国，也在科索沃战役后又继续存在了好几十年。

拉扎尔的遗孀和东正教僧侣开始把去世的拉扎尔大公塑造成为了塞尔维亚人而殉难的伟人。但奇怪的是，与此同时，拉扎尔的儿子成了土耳其人的从属，并且为他们而战。几个世纪以来，拉扎尔和科索沃战役更多地象征着塞尔维亚人作为东正教徒的身份，同时表明塞尔维亚只是一个拥有共同语言的民族，而不是一个独立的塞尔维亚民族国家。这个故事与许多其他塞尔维亚的文化一起在修道院中流传着，也在世代相传的伟大史诗中一直流传至今。直到 19 世纪，随着整个欧洲民族主义的觉醒，这个故事才开始受人瞩目，不断动员和鼓舞塞尔维亚人争取独立，反抗衰落且无能的奥斯曼帝国。

19世纪上半叶，塞尔维亚人用历史来激励自己，第一次在奥斯曼帝国内部实现自治，然后取得完全独立。19世纪早期极具影响力的塞尔维亚学者吴克·卡拉季奇将现代塞尔维亚书写语言标准化，并且收集了许多塞尔维亚史诗。但他也留下了一个颇为有害的说法，他认为克罗地亚人和波斯尼亚的穆斯林，因为与塞尔维亚人说几乎相同的语言，所以他们应该也是塞尔维亚人。政治家伊利亚·加拉沙宁也为塑造塞尔维亚的民族主义做了很多努力，他不仅为新独立的塞尔维亚建立国家组织结构，还利用历史将他的塞尔维亚同胞引向他们曾经被上帝应许的命运。塞尔维亚帝国过去曾被奥斯曼土耳其人摧毁，但现在是时候重建了。他在一份直到20世纪初才被解密的文件中表示，"我们是伟大祖先真正的继承人"。塞尔维亚民族主义并不是什么新思潮，也不是什么革命，而是一个古老的民族神话在现代开花的结果。要再次强调的是，这种大塞尔维亚的民族主义是一个危险的想法，因为它将克罗地亚人和波斯尼亚人都视为曾经的塞尔维亚帝国的一部分。

挑战这种大塞尔维亚民族主义历史观很容易，但要动摇坚信这些想法的人的信念却很难。在20世纪80、90年代南斯拉夫解体的过程中，那些古老的历史神话再次浮出水面。塞尔维亚人再次在一个充满敌意的世界里孤军奋战。1986年，塞尔维亚科学院发布了一份备忘录，以警告塞尔维亚人，他

们从 1804 年第一次反抗奥斯曼帝国以来所取得的一切成就将
要付诸东流。[1]克罗地亚人恐吓在克罗地亚的塞尔维亚人，阿
尔巴尼亚人则迫使塞尔维亚人逃离科索沃。1989 年，斯洛博
丹·米洛舍维奇前往科索沃纪念科索沃战役六百周年，并在
纪念仪式上宣布："科索沃的英雄主义不允许我们忘记，我们
曾经是多么勇敢和有尊严，我们是为数不多的勇于参与战斗
并且不会被打倒的民族。"与此同时，在克罗地亚，民族主义
者也在回顾他们的过往，认为他们需要一个大克罗地亚的历
史，其中也包含了无数塞尔维亚人的历史。历史并没有摧毁
南斯拉夫或导致解体后的恐怖，但诸如米洛舍维奇、克罗地
亚的弗拉尼奥·图季曼等政客却巧妙地操纵了历史，他们不
仅利用历史动员他们的追随者们，还威胁那些不愿效忠于他
们的人。

　　用温斯顿·丘吉尔的名言来说，巴尔干半岛拥有的历史
比它们所能消化的还要多。一些新出现的民族会担心他们没
有足够的历史。1948 年以色列建国时，尽管犹太人与巴勒斯
坦有着多年的纠葛，但它还是一个新国家。随着来自欧洲各

1　1985 年 5 月，塞尔维亚科学与艺术学院发表了《关于塞尔维亚民族问题的
　　备忘录》，引起了"政治地震"。该备忘录提出，塞尔维亚民族是南斯拉
　　夫联邦制度的主要受害者，认为克罗地亚民族和阿尔巴尼亚民族犯有"种族
　　灭绝罪"，克罗地亚领导人却在支持克罗地亚民族主义。备忘录明确表达
　　了塞尔维亚"下层面"的仇恨意识，实际上成为大塞尔维亚民族主义者的
　　基本纲领。

地的移民以及 20 世纪 50 年代越来越多的中东移民，以色列若要继续生存下去，非常有必要建立强大的民族认同。但对以色列来说，很难构建一个共同的风俗和文化。对一个来自埃及的犹太人和一个来自波兰的犹太人来说，他们能有什么共同之处？即便是宗教也不能提供足够的基础，因为许多犹太复国主义者就坚决不信犹太教。尽管希伯来语正在复兴，但它还没有形成以色列的民族文学。这使得历史就像一种黏合剂，从而具有特殊的意义。以色列正是在其《独立宣言》中，向历史寻求其存在的正当性。在历史上，这片土地是犹太人出生的地方："在被暴力驱逐出以色列故土后，流散到世界各地的犹太人对故土忠心耿耿，始终不渝地希望返回故土，在那里重新获得政治自由，从没有停止过为此祈祷。"离现在更近的历史也成了犹太人故事的一部分。犹太人早已努力设法大规模回归故土："这些犹太人使荒地变成良田，复活希伯来语，兴建城市与村庄，并创建了一个具有自身经济、文化的不断发展的社会。他们希望和平，但也做好了保卫自身的准备。他们为该地区所有居民带来了进步的佳音，并决心获得政治上的独立。"

1953 年，以色列议会通过了国家教育法和建立大屠杀纪念馆的法案，以纪念大屠杀事件。该法案的提出者是教育和文化部长本－锡安·迪努尔，早在以色列独立之前，他就积极参加犹太复国主义的教育和政治活动。他的历史观植根于建立以色列的自主意识的需要。他在议会宣称："一个民族的自我，只存在于它是否拥有历史记忆，以及这个民族是否知道如何将其过去的经验整合成一个单独的实体。"对迪努尔和他的支持者来说（许多左派和右派都不这么认为），这意味着要教导以色列人，无论过去还是未来，以色列作为一个民族都永远存在。在长达十几个世纪的流散中，以色列民族幸存了下来，并且一直致力于回到失去的故土。因此，在这个漫长的历史过程中，以色列国家不仅是历史的继承者，还是这段历史的高潮。迪努尔的观点受到很多批评，例如，他在定义犹太人特征的时候排除了宗教因素，而且对犹太人历史的看法过于简单化。但是，他的观点在以色列的学校里很有影响力。一项对 1900 年至 1984 年间使用的教科书的研究发现，随着时间推移，犹太人的历史被越来越多地从以色列建国的角度来叙述。在流散的犹太人中，犹太复国主义的梦想就是建立一个犹太国家，这是一项"最强烈、最古老"的运动。

　　民族主义还远未走到尽头，新的民族还在不断出现。这些新的民族也发现，历史对界定自己的身份来说非常重要。20世纪 60 年代，年轻的德国学者沃尔夫冈·福伊尔施泰因偶然发现了一群人，他们居住在黑海南岸靠近土耳其特拉布宗港的一个偏远山谷里。和大多数土耳其人一样，这个被称为拉孜的族群中大约有 25 万人是穆斯林，但他们有自己的语言、习俗和神话。[1] 在这位年轻的德国学者看来，他们在过去一定曾是基督徒。于是他开始研究这群被历史遗留下来的人。为了帮助他们记录属于自己的故事，福伊尔施泰因给他们设计了一种书写语言。这些拉孜人开始对自己的过去和文化产生兴趣，而土耳其当局也开始担心起来，因为在面对诸如库尔德人等其他少数民族的要求方面，他们已经遇到了很多麻烦。福伊尔施泰因因此被逮捕、殴打，并被驱逐出境。但即便是在土耳其境外，他也一直想方设法把拉孜故事和诗歌的文本送回土耳其境内如今正在地下运营的非官方学校。随着拉孜人对自己和过去的认识不断发展，他们正在成为一个民族。1999 年，第一个拉孜人的政党成立，该党旨在推动在土耳其内部建立一个"拉兹斯坦"。他们的宣言要求扶植并推广拉孜的语言和文化，并鼓励从拉孜人的视角研究历史。如果我没预料错的话，他们终有一天会利用这段历史，向土耳其政府提出一份要求赔偿的法案。

1　在 20 世纪 60 年代以前，土耳其官方的解释是拉孜人和其他土耳其人一样，祖先是从中亚迁徙到小亚细亚的游牧民族，拉孜语是土耳其语的一种方言。但福伊尔施泰因认为拉孜语与土耳其语所属的阿尔泰语系毫无关系，而是南高加索格鲁吉亚语的近亲。经过研究，他认为拉孜人的远祖原居格鲁吉亚滨海地区，一千多年前被入侵的阿拉伯人驱赶到安纳托利亚，栖居于黑海南岸陡峭险峻的山地，在奥斯曼苏丹控制这个地区之前，他们一直信奉基督教，后来改宗伊斯兰教。

第六章

利用历史的旧账

任何人如果曾经说过"你总是那样做""我那么信任你"或者"你欠我一个人情"这样的话，他就是在利用历史来为现在获取好处。从国家元首到普通公民，几乎所有人都会这样做。我们会通过歪曲过去事件的真相，来证明我们的行为总是正当的，而敌人总是错误的。或者说会倾向于自己总是正确的，而其他人都是错的。因此，不必多说，这次我们又是对的。

20 世纪 90 年代南斯拉夫面临解体危机时，各方都开始利用历史来证明他们的所作所为是正确的。塞尔维亚人把自己描绘成捍卫基督教、抵抗穆斯林进犯的历史守护者，也将自己视为其他南方的斯拉夫人的解放者，认为塞尔维亚人解放了克罗地亚人和斯洛文尼亚人。但克罗地亚人眼中的历史却截然不同。他们认为克罗地亚一直是西方世界的一部分，是伟大的奥地利帝国的一部分，是天主教文明的一部分，而塞尔维亚则属于落后和迷信的东正教世界。塞尔维亚政府开始将克罗地亚人称为乌斯塔沙，这是第二次世界大战中屠杀塞尔维亚人和犹太人的法西斯组织。[1] 塞尔维亚电视台也反复播放有关乌斯塔沙的纪录片，并明显地暗示这种情况可能再次出现。而与米洛舍维奇一样，从共产主义者变成民族主义者的克罗地亚总统弗拉尼奥·图季曼轻蔑地回应了塞尔维亚人的做法。他表示，尽管乌斯塔沙的确犯下了罪行，但这依然是"克罗地亚民族历史上，渴望建立一个独立家园的表现"。

当塞尔维亚部队开始攻击波斯尼亚的穆斯林时，他们试图为自己的无端侵略辩解。他们告诉全世界，他们只是再次保卫西方的基督教免受东方的狂热分子攻击。事实上，波斯尼亚的穆斯林不仅很大程度上是世俗的，而且大多数都是塞尔维亚人或克罗地亚人的后裔。然而这一事实却不被塞尔维亚的民族主义者们提及。他们坚持称那些波斯尼亚的穆斯林是土耳其人，或是塞尔维亚人和塞尔维亚东正教的叛徒。而克罗地亚人当然更愿意看到，那些波斯尼亚的穆斯林被视为叛教的克罗地亚天主教徒（讽刺的是，这场战争的结果是许多波斯尼亚的穆斯林变得更加虔诚了）。

利用历史来为对手贴上标签，或贬低他们的声誉，一直是

---

1 乌斯塔沙是活跃于二战前后的法西斯组织，1929 年 4 月 20 日于保加利亚首都索非亚成立，其目标是让克罗地亚从南斯拉夫独立，其领导人巴维里契与墨索里尼的意大利法西斯党有密切关系，并且领取其津贴，克罗地亚国父图季曼也曾是该组织成员。

一个有用的工具。就像左派指责右派是"法西斯主义",而保守主义者则给那些自由主义分子贴上斯大林主义的标签。2005年,时任以色列总理的阿里埃勒·沙龙访问纽约时,就有大批抗议者向他高喊"奥斯维辛"和"纳粹",因为他拆除了加沙地带的犹太人非法定居点。2006年1月,当希拉里·克林顿参加总统竞选时,她开始攻击当时由共和党人控制的众议院。当她面对纽约哈莱姆区的黑人听众时,她说:"请你们看看他们共和党是如何管理众议院的,他们就像管理一个种植园,你们知道我的意思。"那些听众的确知道,而那些指责希拉里想要打种族牌来获取竞选支持的共和党人也知道。

有时候,"现在"的确能改变"过去"。举一个最近经常出现在新闻中的例子:世界各地的亚美尼亚团体都认为,在土耳其正式承认其九十多年前的种族灭绝行为之前,不应该允许它加入欧盟。千真万确的是,第一次世界大战期间,奥斯曼土耳其帝国的确对其境内的亚美尼亚人进行了恐怖的迫害。随着俄国军队攻入土耳其,土耳其政府担心亚美尼亚人会给俄国入侵者提供支援,于是将无数亚美尼亚人从他们在土耳其东北部的家园强制驱逐到土耳其南部。许多人在这次长途跋涉中丧生。他们在途中受到当地穆斯林(通常是库尔德人)的侵袭骚扰,对此,土耳其当局要么无动于衷地漠视,要么积极鼓励这种杀戮行为。在美国、加拿大和法国等地,亚美尼亚人和他们的支持者已经说服立法者将大屠杀定义为种族灭绝。他们认为当时土耳其的官方政策就是要灭绝亚美尼亚人，同时他们要求现今的土耳其政府对此正式道歉。然而土耳其人则坚持自己的立场，认为今天的土耳其不应该为过去一个截然不同的政权所犯下的错误承担责任。此外，他们也否认当年所发生的事情是种族灭绝。这一问题使得土耳其加入欧盟这件原本就困难重重的事情变得更加复杂。

　　第一次世界大战之后，德国人以另一种方式利用历史作为武器，来削弱他们与战胜国签署的《凡尔赛和约》的合法性。毫无疑问，一战中德国军事上的失败令国内的文官政府和普通民众都感到十分震惊，因为战争中他们都一直被最高指挥者蒙在鼓里。从 1918 年开始，军方就极尽所能地避免为战争失败负责，不厌其烦地营造一个德国被出卖的传闻：德国的失败不是在战场上，而是被内部产生的叛徒出卖了，那些叛徒可能是社会主义者、和平主义者、犹太人，或者是这三种人结合在一起。部分是因为战争中的疲劳，协约国在战后最终决定不入侵和占领德国（除了莱茵河西岸的一小部分）。这一举动无疑让德国人更加相信军方在战败前散播的传闻。种种投降后的境遇让德国人越来越觉得他们不应被视为战败国。德国政府与美国总统伍德罗·威尔逊交换了外交照会，威尔逊在照会中谈到，他愿意与德国保持一种没有相互指责或报复的和平关系。对德国人而言，与协约国的停战协议是在威尔逊的"十四点原则"基础上达成的。威尔逊的十四点原则，描绘了一个新的和平世界，这个和平世界建立在正义和尊重各国人民权利的基础之上。当然，这是否就意味着协约国不会分割德国的大片土地，也不会要求德国人支付巨额赔款呢？无论如何，为了争取协约国的从轻发落，德国辩称战后的德国已经是一个全然不同的国家。德国皇帝已经逃走了，君主政体也瓦解了，德国现在是一个共和国，为什么还要为前人的罪行付出代价呢？1919年春天，当德国人知道《凡尔赛和约》的具体条款时，他们非常震惊，并确信自己被出卖了。当发现已经不能再与协约国进行严肃的协商，而只能在最后期限前签署条约时，他们开始谴责该条约是一个由胜利者单方面制定的苛令。

20世纪20年代，对《凡尔赛和约》的敌意在德国国内各个政治派别中蔓延开来。这些条款的内容被认为是惩罚性且不合法的。很多德国人对此都心照不宣，他们在心里都认为，如果可能的话，德国应尽量规避这些条款。特别是和约中令德国人难堪的第231项条款，该条款将战争爆发的责任全部归于德国。德国人认为，这项充满了误导性的"战争罪"条款，其主要的目的，不仅是协约国对战争在道德上的不满，或许更重要的是，还为协约国要求战争赔款提供法律依据。凡尔赛会议上德国代表团团长在收到《凡尔赛和约》的具体条款后，决定要非常有针对性地攻击第231项条款。与此同时，德国国内也在外交部设立了一个特别单位，继续做这项工作。1914年7月发生的事件则受到了特别的关注与审查。[1]德国官方精心挑选了一批文件，将它们公之于众，或是专门拿给同情德国的历史学家看。德国政府此举就是想展现出当年第一次世界大战是在全欧洲范围内爆发的。这场灾难不是哪一个国家的错，而是欧洲每一个国家的错。因此，德国并不需要比其他任何国家承担更多的责任。

在德国国内，这种对过去的看法产生了巨大影响，人们不仅对协约国不满（实际上也对德国政府强烈不满，因为负责签署《凡尔赛和约》的官员大部分是社会党人），还产生了试图打破《凡尔赛和约》"枷锁"的强烈愿望。20 世纪 20 年代初，当阿道夫·希特勒开始寻求对政府不满的退伍军人、极右翼分子和慕尼黑啤酒馆中流动人口的支持时，他反复向人们灌输有人在背后向德国捅刀子，以及德国遭受不公正对待的观念。当他有机会在受尊敬的中产阶级面前发声的时候，正是他对受挫的德国民族主义的呼吁，帮助他获得了合法性。然而，对世界和平来说不幸的是，德国重新书写的历史对德国以外的国家也产生了影响，特别是一些英语世界的国家。英国和美国等国的领导人和公众也都越来越接受这种观念，认为德国的确受到了不公平的待遇，德国人要求修改《凡尔赛和约》是相当正确的。凭借这种歪曲和滥用历史的手段，希特勒获得了两个方面的好处：一是他因此拥有了许多支持者，二是他的所作所为助

1　1914 年 7 月 28 日，奥匈帝国在得到德国的支援后，出兵塞尔维亚。这一事件被视为第一次世界大战的开端。

长了其潜在的敌对者的绥靖政策。

在过去两个世纪里，历史还在另一件事上变得重要起来。人们开始利用历史，以此作为国家内部和国家之间宣示主权和领土的基础。历史之所以会被如此利用，部分原因在于，过去没有明确的记录能证明某块土地从一群人手中转移到另一群人手中，就像加拿大许多原住民领地的情况，过去拥有土地的证据有助于原住民以此宣示，经过转让所得的土地是非法的。此外，我们现在认为，当年签署条约时，如果一方根本不知道条约的意思，那么这些条约和协定是无效的。亨利·斯坦利曾沿着刚果河一路探险，让沿途遇到的当地酋长在对他们来说完全不知为何物的文件上签字画押。他由此为比利时国王利奥波德二世获得了一大片领土。而其他列强也都默认了这一事实。毕竟，他们也都在做着同样的事情。如今，我们则把这种"精明"的交易视为诈骗。

除非我们是宗教狂热分子，否则我们无论如何都不会相信，神的应许可以成为宣示领土主权的可靠基础。如今，其他用来宣称拥有领土主权的传统理由，同样是不被人们认可的，比如通婚就是一个例子。当英国查理二世迎娶布拉甘萨的凯瑟琳时，孟买作为嫁妆被并入了大英帝国的领土。[1] 今天，如果查尔斯王子想把康沃尔公国送给他的新婚妻子，这简直是不可

1　1638 年，凯瑟琳出生在葡萄牙的布拉甘萨王室中，她于 1662 年嫁给刚复辟两年的英王查理二世，成为英国王后。凯瑟琳王后带给英国的嫁妆是 80 万英镑与葡萄牙在印度的殖民地孟买，以及维持两百多年的英葡联盟（让英国在 1685 年后可利用葡属澳门与清朝进行茶叶贸易）。

想象的。[1] 如今各国的君主们再也不能像过去几个世纪里那样交易领土了。在 1803 年路易斯安那购地事件中，拿破仑可以把北美新大陆的一大块土地卖给美国。[2] 如今，法国总统尼古拉·萨科齐甚至都无权出售任何一小块法国领土，就算是远在大西洋上的圣皮埃尔和密克隆也不行。在解决拿破仑战争问题的维也纳会议上，各王国、公国，各郡、城市被各强权拿来交易，就像一场垄断者之间的游戏，而且没有人认为这有什么不妥。一个世纪后，在第一次世界大战结束时，巴黎和会花费了大量时间和精力，试图满足各地居民对其所掌握的领土的愿望，或至少能让他们获得本民族世代生活的土地。

　　人们的思维方式是会变化的，因此两个世纪前人们觉得完

1　康沃尔公国是英格兰现在仅有的两个公国之一，另一个是兰开斯特公国。英国君主的长子在出生时或者他的父母愿意放弃该项权利时会获得该公国并且获得康沃尔公爵称号。

2　七年战争 (1756—1763 年) 中，法国根据 1763 年《巴黎和约》将整个加拿大、密西西比河以东的北美地区 (除新奥尔良外)、西印度的格兰纳达、格林纳丁斯群岛割让给英国，法国的盟友西班牙将佛罗里达割让给英国，法国则将路易斯安那和新奥尔良让给西班牙作为补偿。1789 年后，法国重新崛起。1800 年，法国和西班牙签订《圣艾尔德方索条约》，西班牙将路易斯安那还给法国。拿破仑打算建立一个以圣多明各为基础，包括马提尼克岛、瓜德罗普岛、新奥尔良、路易斯安那在内的墨西哥湾和加勒比海殖民帝国，使路易斯安那成为西印度唯一的大宗产品供应地，以便与即将完成工业革命的英国竞争。由于法国殖民者的残酷压迫和剥削以及法国大革命的鼓舞，圣多明各黑人发动起义并于 1801 年获胜。拿破仑面临欧洲英法重新开战的局面，于 1803 年与美国签订《路易斯安那购买条约》，以每英亩 3 美分、总价值 1500 万美元将路易斯安那 (东自密西西比河、西至落基山脉、北起加拿大边界、南到墨西哥湾，面积 827 990 平方英里) 出售给美国。

全正常的事情，在今人的眼中简直是无法设想的。战争和征服曾经是改变国家边界最常见的方式。如果你输了一场战争，你会知道自己将失去金钱、艺术珍品、土地、武器以及任何胜利者要求的东西。后来一些新的思想开始传播，诸如主权国家、民主、公民权和民族主义等思想被越来越多的人接受，因此即使是最残酷的统治者也必须至少在口头上装装样子，承认人民有民族自决的权利。当希特勒向东进入苏联时，他声称自己遵从的是德意志民族的自然与历史所选择的道路。在第二次世界大战结束后，当斯大林把东欧纳入自己的势力范围时，他在表面上声称，苏联的做法只是在顺应东欧当地人民的意愿，或者只是在恢复其历史上的疆界而已。当萨达姆·侯赛因在1990年占领科威特时，他试图为自己的行为辩护，表示科威特在18世纪曾承认过伊拉克的宗主国地位。然而这种说法完全不成立，因为那时根本不存在这两个国家。历史作为一个宣示领土主权合法性的手段，现在变得越来越重要。而出于大多数其他理由的领土主张，无论是通婚还是征服，都已经行不通了。

　　1870年到1871年的普法战争结束后，法国遭遇耻辱性失败，而德国从战争中获得了新生。德国将军坚持要占领法国的阿尔萨斯和洛林两省，一方面是将这两省作为战利品，另一方面是想借此获得一个防御屏障，以抵御法国未来可能发动的攻击。而德国民族主义者则很乐意为他们的要求披上更新颖、令人更容易接受的外衣。在过去，阿尔萨斯和洛林的部分地区曾是神圣罗马帝国的属地，而且这两个地区在历史上大多数时间都是被德意志人统治的。路易十四曾经夺取了阿尔萨斯，路易十五则占领洛林，而现在则是时候让他们回到自己原本的家园了。无论这两个地区许多的居民是否讲德语或宁愿在法国统治之下，他们都要接受德国统治了。德国著名历史学家海因里希·冯·特赖奇克表示，德意志民族知道，对于"这些不幸的人"来说什么是最好的选择，这两个地区的人过去曾不幸沦于法国统治之下。因此"我们要恢复他们最真实的自我，即使这样做可能会违背他们的意愿"。一家德国报纸认为这就是19世纪"严厉的爱"。他们宣称："我们必须先从棍棒开始，遵循纪律之后就会有爱，这会让他们重新成为德国人。"

1919年，在标志着第一次世界大战结束的巴黎和会上，各国领土主张的正当性变得极为重要，因为当时有很多土地的主权需要重新划分，不少国家都在为同一块土地争夺主权。德国的战败、俄罗斯和沙皇俄国的崩溃、奥匈帝国和奥斯曼帝国的解体，都意味着整个欧洲和中东的疆界处于一片混乱之中。波兰等许多早已存在的民族看到了让自己重新登上世界舞台的机会，而捷克斯洛伐克等新出现的民族则有机会建立新的民族国家。伍德罗·威尔逊的演讲和到处弥漫的民族自决气氛，鼓舞数十个民族团体前往巴黎，向各列强陈述他们自己民族独立的主张。

他们的论点主要分为三类：首先是战略发展，对一个国家的安全和经济发展来说，拥有特定的一块领土是必要的；第二是人种学，即某块土地上的人民因为语言、习俗或宗教而属于这块土地上的民族；最后是历史权利，这通常被认为决定性的因素。战略发展或经济的理由并不总是能说得通，因为邻国也可能提出同样的理由。人种的因素也充满争议，因为在欧洲中部人口非常混杂。因此，历史似乎是最有权威的理由了，然而真的是这样吗？正如温斯顿·丘吉尔对巴尔干半岛那句令人难忘的嘲讽，欧洲（中东也是如此）拥有太多的历史，这远远超出了它可以消化的程度。欧洲历史上，无论是帝国还是民族国家、统治者还是人民，都来来去去地出现过。如果你足够努力的话，你几乎总是可以从欧洲的历史中找到支持自己主张的依据。意大利声称拥有大部分达尔马提亚海岸，一部分原因是为了保住自己的亚得里亚海海岸，另一部分原因是他们认为意大利文明比大部分斯拉夫居民的优越，此外也因为威尼斯曾经统治过此地。[1] 人性就是如此，当巴黎和会上的请愿者翻箱倒柜地找出他们的历史时，这些为新兴民族发声的人，并不回溯那个他们的民族先驱仅仅占据了一小块地区的时代。许多来自波兰的代表，包括波兰驻巴黎代表团团长罗曼·德莫夫斯基，都希望波兰至少能够重新建立 1772 年的疆界，那时波兰统治着今天的立陶宛、白俄罗斯和乌克兰的大部分地区。一位美国专

1　达尔马提亚是位于克罗地亚南部、亚得里亚海东岸的地区，东接波斯尼亚和黑塞哥维那。二战时期，意大利军队在南斯拉夫被轴心国打败瓜分时占领了达尔马提亚。

家说："当德莫夫斯基讲到波兰的领土主张时，他从上午 11 点开始讲波兰 14 世纪的历史，直到下午 4 点他才谈到 1919 年和当时紧要的问题。"而塞尔维亚人希望能够恢复 14 世纪的疆界，当时斯蒂芬国王的王国从爱琴海一直延伸到多瑙河。保加利亚人则更喜欢他们 10 世纪的版图，当时他们的国王西美昂一世统治着几乎相同的领土。

　　上文提到的同一位美国专家曾厌倦地抱怨道："每个中欧地区的民族都有自己统计和制图上的把戏，当统计数据不充分的时候，他们就开始拿出地图。需要一篇鸿文来细细分析，才能涵盖第一次世界大战中及巴黎和会上的各种各样关于领土主张而伪造的地图。"此外我们还能看到历史的滥用。巴黎和会的记录中充斥着那些笼统的主张，而支持这些主张的历史证据都不很可靠，他们轻易地就略过了几个世纪的历史，漠视国家的兴衰，忽视人们在欧洲大陆不断的迁徙，以及其他所有不利于他们主张的事实。这些滥用历史的行为，无非是想表明那些领土在历史上一直属于波兰或意大利。例如，当塞尔维亚和罗马尼亚都主张拥有位于他们之间的巴纳特地区的主权时，他们纷纷追溯到中世纪以寻找证据来支持他们的主张。[1] 塞尔维亚

1　巴纳特地区是中欧的地理和历史地域，1941 年由于匈牙利与纳粹德国联合入侵塞尔维亚，匈牙利得以拥有今塞尔维亚巴纳特一省。现今该地区分别是三个国家的领土，其东部属于罗马尼亚（蒂米什县、卡拉什 - 塞维林县、阿拉德县和梅赫丁茨县），西部属于塞尔维亚（大部分位于伏伊伏丁那，其余位于中塞尔维亚），北部少量土地属于匈牙利（琼格拉德州）。

的代表表示，请看在巴纳特的修道院，它们都一直是塞尔维亚人的。而罗马尼亚人回应道，这是因为斯拉夫人天生就比罗马尼亚人更加虔诚。

当人们对土地产生争议的时候，历史就会显出尤为重要的意义。在加拿大，原住民利用条约和公文的书面记录，以及口述历史和考古学证据，来收回他们认为是其祖先的土地。罗马尼亚人声称——就像他们1919年在巴黎所做的——特兰西瓦尼亚这块肥沃的土地应当属于他们，因为他们是罗马军团的后裔，故而比他们的匈牙利对手在那里待的时间要长得多，匈牙利人在9世纪时才来到这里。阿尔巴尼亚人则宣称科索沃是他们的，因为他们是远古伊利里亚人的后裔。伊利里亚人在古希腊时代就为人所知，而塞尔维亚人到了11世纪才来到这里。塞尔维亚人则反驳说，科索沃的绝大多数阿尔巴尼亚人都是新移民，他们是19世纪和20世纪移民浪潮的一部分。

目前世界上最困难也是最危险的领土争端之一，就是以色列人和巴勒斯坦人彼此对一小块土地的争夺，这片土地在奥斯曼帝国时期曾被称为巴勒斯坦。一直以来，他们彼此间有交集的历史在方方面面都存在争议。第一次世界大战时，巴勒斯坦地区是否真的有90%的巴勒斯坦裔阿拉伯人和10%的犹太人呢？到底是巴勒斯坦人一次又一次拒绝了与犹太人合作的机会，还是犹太人越来越多地把他们排斥在经济和权力之外呢？所谓的"巴勒斯坦人"真的存在吗（果尔达·梅厄和大

卫·本－古里安都不这么认为)？[1]1948 年以色列的成立，究竟
是一场胜利还是灾难呢？当巴勒斯坦难民离开以色列的时候，
他们究竟是自愿离开，认为他们会与阿拉伯军队一起反攻回
来，还是被以色列人赶出去的呢？一个小小的以色列，真的总
是被一群毫不宽容的阿拉伯死敌包围吗？以色列的存在究竟是
一个奇迹，还是因为它背后有很多强权支持？巴勒斯坦人真的
在第二次世界大战中支持轴心国吗？犹太复国主义是不是另一
种意义上的西方殖民主义呢？

　　巴以双方几乎不可能在这些问题上达成共识，因为历史是
他们双方身份认同的核心，也是他们对巴勒斯坦地区争夺的关
键。很长一段时间以来，以色列的历史在很大程度上就是本－
锡安·迪努尔等建国先贤一直希望看到的——一段鼓舞人心
的历史，将以色列人团结成一个有决心生存下去的国家。以色
列认为巴勒斯坦地区属于他们，因为自从罗马人征服最后一个
独立的犹太国家之后，那里就一直有犹太人存在。他们认为，
相较于他们，阿拉伯人很晚才来到此地，是近几个世纪以来才
从其他地方漂泊而来的。此外，像果尔达·梅厄这样的政治人
物坚持认为，阿拉伯人中并没有分离出一个新的叫作巴勒斯坦
的民族。20 世纪 80 年代，一位名叫琼·彼得斯的美国作家曾
试图进一步证明，当犹太复国主义的定居者在 19 世纪末开始

1　果尔达·梅厄是以色列女性政治家，是该国的创建者之一及第四任总理。
　　大卫·本－古里安是以色列政治人物，以色列开国总理，执政长达十五年。

到达巴勒斯坦地区时,那里实际上根本没有阿拉伯人。但是她的尝试没有成功。她表示,那些阿拉伯人是被犹太复国主义者创造的繁荣所吸引,才搬到巴勒斯坦地区的。现代以色列虽然在困难重重中诞生,却努力想方设法战胜周边众多的阿拉伯敌人。在1948年成立之后的几年间,以色列不断受到邻国的攻击,并在1956年、1967年和1973年被迫打了三场防御性战争。以色列紧紧守住了加沙、约旦河西岸和戈兰高地等领地,以确保自身安全。在这个版本的历史叙述中,以色列被描述成始终热爱和平,但是阿拉伯人从一开始就毫不妥协。

毫无疑问,巴勒斯坦地区的历史和更广大的阿拉伯历史是不同的。在他们的历史认知中,犹太人就像一群"强取豪夺者",是西方帝国主义在20世纪根植于巴勒斯坦地区的一种典型的殖民主义行径。以色列是在许多强权的支持下诞生的,尤其是得到了美国的帮助。以色列建国的时候,巴勒斯坦人已经成为一个民族很久了,即使没有几百年也有几十年。虽然他们一直都在抵抗以色列人,但他们的力量太微弱了,而他们的阿拉伯兄弟又处于分裂之中,而且约旦和埃及的阿拉伯人与以色列偷偷勾结,帮助以色列夺取巴勒斯坦的土地。1948年,以色列境内的巴勒斯坦难民并未自愿离开以色列,而是在枪口的威胁下被犹太士兵驱赶出去的。在美国的大力支持下,以色列才是巴勒斯坦地区的恃强凌弱者和战争贩子。以色列拒绝归还他们在1967年非法夺取的土地,而且用类似南非的种族隔离政策，对待占领地区的巴勒斯坦居民。巴勒斯坦领导人曾一直试图与以色列进行真诚的协商；如果协商失败的话，就像克林顿总统在戴维营主持的巴以会谈，那都是以色列的错。[1]

　　近来的历史只是巴以冲突战场的一部分，甚至根本不是最重要的。如果双方能够证明，他们的人民与这片土地有着长久的、不可分割的联系，那么根据此前欧洲民族主义运动的经验，这些历史可以成为宣称拥有这块土地的证明。这就是为什么以色列迁徙运动更喜欢用《圣经》中的名字犹太和撒玛利亚来描述约旦河西岸地区。正如一个较为激进的团体忠信派的一位女发言人所说，历史是他们的"货币"。娜迪亚·阿布·伊尔－哈吉在《地上的事实：以色列社会中考古学的实践和自我塑造》[2]中指出，考古学在以色列人和巴勒斯坦人之间的争端中占据了核心地位。这并不令人意外，因为考古发现可以给出明确的答案。例如，如果铁器时代的遗址可以被证明属于希伯来人，以及他们当年还征服了迦南人的土地，那么这个发现将让现代犹太人可以主张对同一片土地的所有。反过来，如果这些遗址在不同时代被不同的民族所有，那就很难与现在的领

1　2000年，美国总统比尔·克林顿、巴勒斯坦解放组织主席阿拉法特和以色列总理巴拉克在戴维营举行了会谈，尽管巴以双方没有达成共识，但这次会谈确定了试图解决巴以冲突的中东和平进程的基本框架。

2　指 Abu El-Haj, Nadia. *Facts on the Ground: Archaeological Practice and Territorial Self-Fashioning in Israeli Society*. University of Chicago Press, 2002。

土主张建立紧密的联系。一位巴勒斯坦考古学家说："在众多入侵过巴勒斯坦并在那里定居的民族中，只强调一个民族的历史是不正确的。"此外，最初的情况会不会像一些阿拉伯考古学家说的，巴勒斯坦地区最初的居民是阿拉伯人，而他们的土地是被以色列人占领了呢？每个世纪发生的事情都成为双方争论的一部分。如果一幅 10 世纪的镶嵌画是阿拉伯人的，那么这对巴勒斯坦的领土主张意味着什么呢？"我们需要告诉世界，这个国家是由穆斯林建立的吗？"一位以色列上校曾经愤怒地问一位考古学家。

20 世纪 90 年代初，巴以双方经过重重协商，终于达成以色列从约旦河西岸部分地区撤军的协议，而许多考古遗址也是双方在谈判中争夺的对象。[1] 巴勒斯坦人要求以方归还这些遗址的所有权，而以色列政府则坚持要双方共同管理这些重要的遗址。究竟谁应该拥有诸如耶利哥古城等地的文物呢？这些文物本来应该移交给巴勒斯坦民族解放组织。1993 年，以色列文物局在以色列撤离之前派出十多支考古学家团队进行了一项绝密行动——在那些地区搜寻古老的卷轴，"像印第安纳·琼

1　1993 年，在挪威的撮合下，巴以双方在奥斯陆经过历时数月的十四次秘密谈判，就实现初步和平做得实质性重大突破，最终在加沙地带和杰里科（Jericho，即《圣经》中的耶利哥）先行自治等问题上达成原则协议。1993 年 9 月 13 日，以色列总理拉宾和巴勒斯坦解放组织主席阿拉法特在美国白宫南草坪签署了《临时自治安排原则宣言》（也称《奥斯陆协议》）。双方经谈判，于 1994 年 5 月 4 日在开罗签订了《加沙—杰里科协议》。

斯那样",一位以色列记者轻蔑地写道。[1]

与自己立场相反的证据可以被抹掉,以用其他的方式去解释,或者干脆被忽略。一位以色列民族主义考古学家曾受到同事们的谴责,因为他将一些明显的基督教遗址贴上犹太人的标签,地图上的名字和曾经住在那里的人们一起消失了。当考古发掘对《旧约》中许多关键内容及其整个编年叙事提出质疑时,许多原教旨主义基督徒和以色列人拒绝接受这些发现,或者完全对它们漠不关心。许多研究古代史的历史学家和考古学家开始认为,以色列人可能从未在埃及生活过。如果他们真的曾经出过埃及,那可能只是少数几个家庭这么做过而已。以色列人可能没有征服过迦南地,耶利哥城也可能没有城墙可以在号角吹响时倒塌。[2] 所罗门和大卫的王国,据说从地中海一直延伸到幼发拉底河,但实际上更有可能只是一个小首领的领地。从当时的遗迹可以看出,耶路撒冷是一个小城市,而不是《圣经》中描述的大城市。因此,泽埃夫·赫尔佐克才会在以色列知名的报纸《国土报》(Haaretz)上问道,为什么这些对《圣经》历史的质疑没有引起任何反应,即使是世俗的以色列

1　印第安那·琼斯是一个虚构的人物,为冒险电影《夺宝奇兵》系列的主角。

2　据《圣经》记载,耶利哥是约书亚率领以色列人进入迦南地后攻破的第一座城镇。以色列人到达约旦河东的摩押平原,即以耶利哥城为进军的目标。但耶利哥城墙固若金汤,难以攻克。约书亚先派遣探子刺探城中情形及附近地势,之后按着神的启示绕城七日,第七日绕城第七圈时祭祀吹响羊角号,耶利哥城墙在攻击下纷纷倒塌。后被称为"耶利哥的城墙"神话。

人也对此无动于衷？他的结论是，他们觉得这些质疑太令人痛苦了，以至于不敢去想。"这对以色列民族身份的神话基础打击太大了，故而人们干脆选择视而不见。"

人们对历史的反应并不总是那么沉寂。巴勒斯坦裔美国学者娜迪亚·阿布·伊尔－哈吉曾遭到猛烈抨击，就是因为她声称以色列人利用考古发现来加强以色列的领土主权主张。一位评论家在亚马逊网站上对她的著作评论道："这本书本不该出版。因为这本书的目的，就是彻底消除犹太人与以色列土地之间的历史联系。"为了阻止她在任教的巴纳德学院获得终身教职，反对者们展开了一场声势浩大的运动。与其他历史学家一样，研究以色列历史的历史学家也发现自己处于雷区，他们试图将神话与历史事实分开，挑战一些被公众接受的想法。以色列第一任总理大卫·本－古里安的传记作家兼记者沙伯塔伊·特维斯说，像阿维·施莱姆和本尼·莫里斯这样的历史学家撰写的"新历史"，实际上是"混杂着歪曲、遗漏、有偏见的解读和彻头彻尾的伪造"。以色列绝不是唯一一个对过去的历史有争议的国家，但由于那里有许多更加紧要的事情要解决，从民族的身份到在那块土地上的居留权问题，冲突可能变得十分激烈。

第七章

围绕历史的战争

历史不仅是记住过去发生的事情，同时也选择忘记哪些过去的事情。在政治竞选中，候选人之间往往会选择对方不会写在个人资料中的污点进行攻击。我们在个人生活中也是如此。我们在愤怒或震惊的时候就会说，"你从来没告诉过我这件事"，或是"我从来不知道你是这样的人"。世界各地的社会中都有一些最困难和最旷日持久的战争，这些战争源于人们在叙述历史的时候，会选择哪些内容被忽略或淡化，哪些内容应该被包含在内。当人们像他们经常做的那样谈论"适当的"历史的必要性时，其真正的意思是，他们只会选择自己期待看到且喜欢的历史叙述。学校的教科书、大学的课程、电影、书籍、战争纪念馆、美术馆和博物馆，常常都会引起人们的争论，这些争论虽然表面上是在谈论历史问题，但实质上还是与人们时下关切的问题密不可分。

教育下一代并向他们灌输正确的观点和价值观，是大多数社会非常重视的事情。因为许多国家，特别是西方国家，接受了大量的外来移民，这使得教育问题变得更加重要。许多西方社会都被如下事实所震动：有证据表明，有些移民对他们居住国的社会价值观漠不关心，而少数人实际上还非常蔑视这些价值观，甚至还滋生出恐怖主义行径。现实生活中发生的一些事件，诸如饱受争议的导演提奥·梵高被谋杀，以及在多伦多发现的一项恐怖主义阴谋，都迫使荷兰人和加拿大人不得不重新审视，他们是否真的使新移民融入到他们的社会之中。同样令人担心的是，即使是已经融入当地社会的移民，他们也不够清楚地理解自己所处的社会或他们所体现的重要的价值观。因此，一直有人呼吁政府教授人们本民族的价值观（在这些问题上达成一致，并不总是那么容易。法国的情况就清楚地表明了这一点——法国宗教宽容的文化与穆斯林移民对成为法国人与世俗化的担忧相冲突）。

历史往往被当作一系列道德故事，以增强群体的凝聚力。在我看来，或许还有更多防御性作用，历史会被用来解释一些重要的制度和概念是如何发展的，比如议会制度和民主概念。因此，历史教学中一直以来争论的焦点，就在于如何通过历史来灌输和传递价值。危险的是，这本来是一个好的出发点，但在实际教学过程中，无论是黑白分明的过于简单化的历史叙述，还是关于人类进步或某一群体胜利的那种一边倒的历史叙述，都有可能让真实的历史发生扭曲。这样的历史叙述让人类经验的复杂性变得平面化，失去了立体、鲜活的维度，也没有留下对过去进行多种解释的空间。

魁北克省的官方格言是"我永志不忘",魁北克说法语的人的确铭记着过去,但经常是有选择的。魁北克学校所教授的历史总是强调,在以英语为主要语言的加拿大,讲法语的人依然是处于弱势的少数群体。历史课程还会介绍,这些讲法语的人在过去如何不断为争取自己的权利而斗争。魁北克分离主义运动的政治代表魁北克人党在 20 世纪 90 年代执政时,时任教育部长波利娜·马鲁瓦(现任该党领袖)曾承诺让高中生学习历史的时间增加一倍。但是强硬的分离主义者对此并不满意;他们认为,历史课程包含太多世界史的内容,同时也过于关注魁北克省的英语使用者和原住民少数族裔。

说英语的加拿大人则有其他方面的担忧,包括加拿大年轻人对过去的历史了解不够,不足以让他们为自己的国家感到自豪。加拿大自治领学会每年都进行调查,对于结果,该学会不乐观地表示,加拿大人说不出来他们的总理是谁,也记不起一些重要历史事件发生的日期。1999 年,一群慈善家成立历史基金会,在他们看来,这个基金会的使命是要填补加拿大人在本国历史学习上的空白。在澳大利亚,1996 年至 2007 年担任总理的约翰·霍华德曾公开表示,他受够了那些对澳大利亚历史"带着黑臂纱的历史观"。这些言论引发了一场激烈的公众辩论。[1] 对霍华德的批评正好发生在澳大利亚的一个困难时期,

---

1　保守派阵营的约翰·霍华德认为,所谓"带着黑臂纱的历史观",就是将澳大利亚历史视为"不过是充斥着帝国主义、剥削与种族歧视的屈辱史"。

当时澳大利亚人正在考虑如何对待"被偷走的一代"的原住民儿童问题；这些儿童曾被迫离开他们的家庭，被送到白人家庭中。霍华德说，那些专业的历史学家是"自封的文化营养专家"，他们让澳大利亚人相信，澳大利亚的历史是一个充满种族歧视的悲剧故事，其中充斥着白人对原住民犯下的罪行。记者和其他评论家则诉诸澳大利亚文化中强烈的反智主义，并且兴致勃勃地攻击"道德黑手党"和"喋喋不休的阶级"。一位专栏作家说，大多数澳大利亚人乐于看到原住民与主流社会之间的和解，这样的前提就是原住民们愿意"停止再谈论过去的事情"。

在英国，人们一直都在争论学生的历史课应该学习什么。历史课的内容，究竟是应该像保守党人肯尼斯·贝克担任教育大臣时所希望的那样，关注"一个自由、民主的社会在过去几个世纪如何发展起来的"，还是应该关注那些被压迫和边缘化的人群？历史课讲授的历史观，究竟应该是自上而下还是自下而上呢？孩子们需要按照编年的顺序学习历史，还是只要学习一些诸如家庭、女性或科学技术之类的专题史就可以了？2007年夏天，负责检查英国学校的英国教育标准局引发了一场全国性的讨论，原因是它批评学校教授的历史内容过于零散，学生们甚至不知道什么时候发生了什么事件，也不知道历史事件发生的顺序。实际上许多家长已经发现这一点，于是他们选择了一本讲述爱德华时代的历史书作为孩子们的补充读物，这本书也出人意料地成为畅销书。这本名为《我们岛的故事》（*Our*

Island Story）的读物理所当然地认为，英国的历史在几个世纪以来一直是不断向前发展的，大英帝国是一个伟大国度，而且英国在历史上所做的事情总体上是正确的。这本书中充满了英国历史上的英雄故事，包括狮心王理查一世、沃尔特·雷利爵士、罗宾汉，当然还有亚瑟王；介绍了英国历史上的英雄和坏人们，例如一幅拉斐尔前派风格的插图描绘的是博阿迪西亚（即后来的布狄卡）骑马的场景，在这幅占据了两个页面的插图中，博阿迪西亚金色的头发在她身后飘动着[1]；讲到了关于罗伯特·布鲁斯"蜘蛛结网"的故事，当时心事重重的他看到蜘蛛在风雨中织网，因而明白了要坚持不懈的道理[2]；还提到了理查三世，说邪恶的理查三世当初获得王位后，曾准备杀死先王的两个遗孤。[3]这本书并不是一部很好的历史著作，书中的内

---

[1] 布狄卡是英格兰东英吉利亚地区古代爱西尼部落的王后和女王。由于在丈夫普拉苏塔古斯去世后，罗马人抢去了其土地、自己受毒打、深爱的女儿们惨遭凌辱、国民要交重税，她领导了不列颠诸部落反抗罗马帝国占领军统治的起义。布狄卡一直是英国重要的文化标志。

[2] 罗伯特·布鲁斯是苏格兰历史中重要的国王，王号"罗伯特一世"。他领导苏格兰人打败英格兰军队，确保王国独立。蜘蛛结网的故事，就是相传在他抵抗英国国王爱德华一世时遭遇失利出海躲避时发生的。

[3] 理查三世本是是爱德华四世之弟，其兄过世后，理查曾暂以护国公的身份替爱德华四世的儿子爱德华五世摄政，随后将爱德华五世与他的弟弟舒兹伯利的理查（即第一任约克公爵）送进伦敦塔，并于1483年7月6日加冕为英格兰王。长期以来，英国史学界都对理查三世杀死先王遗孤的事件充满争议，各个时代都有人提出质疑或试图翻案。但由于托马斯·莫尔所著的《理查三世传》太过深入人心，理查三世在英国人心目中始终背负"篡位者"与"杀侄"的罪名。

容完全没有涉及英国社会如今重视的多元种族、多元文化等新话题；但这本书的内容非常有趣，可能会鼓励孩子们更多地去关心自己国家的过去。至于历史课到底应该教授什么内容，在很多国家，这个争论常常与如何让移民融入本国等被热议的社会问题密切相关。20世纪80年代末90年代初，撒切尔夫人领导的保守党曾担心，那些外来的移民没有被教授正确的英国历史。而撒切尔夫人本人心目中的英国历史，是一部"爱国者的历史"。最近，本应反对撒切尔夫人主张的历史叙述的英国工党领袖戈登·布朗表示，那些想成为英国公民的人，应该首先证明他们了解英国的历史和文化。

在美国，人们过去想当然地认为外来移民会被美国社会同化，而学校教育正是最重要的途径之一。南北战争之所以能激发人们对美国历史的浓厚兴趣，或许是因为暴露出了美国联邦政府的脆弱。教科书展示的美国历史，是从早期定居点和开国元勋一直到现在的辉煌历史。美国有数以百计的爱国团体，它们都鼓励人们崇敬美国国旗，并举行游行和庆典来纪念美国历史上的伟大时刻。当美国人开始聚集在一起纪念美国建国的时候，感恩节也因此被赋予更加重大的意义。著名记者白修德记得，小时候自己和同学们一起——作为中欧犹太移民的孩子——策划并重现了当年美国清教徒先祖和当地印第安人之间第一次会面的情景。对他来说，这个活动也是成为美国人过程的一部分。后来的阵亡将士纪念日是在南北战争后才出现的，这也成为纪念美国历史上历次战争中阵亡士兵的日子。许多州的法律要求学校要以能够激发爱国主义的方式，来教授美国历史和公民常识。各个州会自己指派专门人员来审查教科书，以确保教科书上所传达的是正确的信息。老阿瑟·施莱辛格是两次世界大战之间一位伟大的美国历史学家，他编写的历史教科书当年曾受到芝加哥的爱尔兰裔政客们的严厉批评，他们认为他的书宣扬了对英国及其制度的赞美，是不健康、不爱国的。1927年，芝加哥市长公开烧毁了一本他写的所谓"有叛国嫌疑"的书。

由于历史与美国人如何看待自己作为一个民族的看法交织在一起，也与如何让外来移民融入这个民族密不可分，所以美国学校中的历史教科书和历史课程，屡屡引发公众的争论。1990年，老布什总统无意中引发了一项巨大的争议，当时他宣布联邦政府将与各州州长一起合作建立国家教育目标，其中的主要原因是这项举措可以确保美国学生在世界上保持竞争力，因为教育在世界上变得越来越重要，此外，这项举措还可以让学生们在未来成为好公民。1993年克林顿执政后继续执行了这项政策。与英语、数学、科学和地理一样，历史也是这项政策中的一个核心学科。经过大量的讨论和磋商之后，国家历史标准委员会为美国历史和世界历史的教学制定了一套指导方案，各州有权选择接受或不接受这套方案。尽管多元文化主义和非西方文明在这套方案中受到更大的重视，但负责制定方案的人相信，他们成功地以能够吸引学生的方式讲述了美国的故事。此外，他们还囊括了一些过去被忽视的历史主题，例如妇女或黑人的历史。

就在老布什的这项政策公布前不久，迪克·切尼的妻子、共和党人琳恩·切尼发动了一场"先发制人"的攻击，这是小布什在他的任期内很常用的说法。在《华尔街日报》发表的一篇文章中，她强烈反对老布什提出的新标准。她认为，这个新标准让美国的历史给人一种"无情又黑暗"的印象。在她看来，那些奉行政治正确原则的教授，对传统政治和编年的历史叙事充满仇恨，于是故意创作一套新的历史叙事，而在新的历史叙述中，三K党比丹尼尔·韦伯斯特或阿尔伯特·爱因斯坦更受到历史学家的关注。[1] 右翼电台节目主持人拉什·林博也因为爱国主义的正义感而非常反对这一政策。他说，那些负责制定国家历史标准的历史学家，实际上是在处心积虑地向年轻人不断灌输"我们的国家天生邪恶"的信念。包括国会议员在内的其他人也紧随其后纷纷表示反对。两位改过自新的罪犯 G. 戈登·利迪和奥利弗·诺斯现在也成了电台节目主持人，他们在节目中将新的标准称为"来自地狱的标准"。来自华盛顿州的联邦参议员斯莱德·戈登在国会谴责这些标准是对西方

1　丹尼尔·韦伯斯特是美国政治家，曾两次担任美国国务卿。他与亨利·克莱、罗伯特·塔夫脱、约翰·卡尔霍恩、罗伯特·拉福莱特并列为美国最伟大的五位参议员。

文明的恶毒攻击。1995 年秋，正准备竞选共和党总统候选人提名的参议员鲍勃·多尔则更进一步，他表示，这些标准是叛国的，它们"比外面的敌人更加糟糕"。

这些攻击并不是没有得到回应。实际上，整个美国都发现自己正置身于一场全国性的、影响深远的争论之中，而争论的主题就是历史究竟是什么，历史应该为谁所用。教师和专业历史学家很乐于看到历史学科重回学校核心课程的地位。自由主义者认为这个新标准恰恰反映了一个新的、日益多元化的美国社会。但更多的人只是喜欢这个新标准所强调的内容和编年叙事。《洛杉矶时报》也对这个标准表示赞成："希望大学毕业生真的都能满足这个新标准中对历史知识的要求。"最后，经过更多的讨论和修订之后，新的指导方案于 1996 年发布，其中最后一部分是新添加的，要求学生们自己去探究历史本身具有的争议。

公众对历史标准的争论以及更激烈的争夺，都不仅仅是围绕历史课程本身展开的。当年，美国还不确定自己在后冷战时代的世界中扮演什么样的角色，也不清楚应该如何面对本国的社会和民众。而新保守主义者则担心美国可能会放弃其在国际上建立已久的霸权主义。在国内，保守的美国人发现传统的家庭价值观正在被抛弃，对他们来说最具代表性的事件就是堕胎合法化。许多美国人担心，美国社会中是否还真的存在以美利坚民族为中心的身份认同，因为许多新移民似乎不再想被美国文化同化。例如，西班牙裔坚持使用自己的语言，甚至开办西班牙语学校。不少大学纷纷放弃传统西方文明课程，而关于美国历史的课程也越来越侧重于文化史和社会史。如果美国人不再对过去拥有一个共同的认识，那么被广泛使用的美国政府格言"合众为一"(E pluribus unum) 所代表的美国梦还有意义吗？照此下去，这句格言的意思会不会变成与本意相反的"一拍而散"（Out of the one, many）呢？ [1] 尽管人们对国家历史标准的不满已经平息了（实际上这些标准已经被广泛采用），但人们心中的恐惧仍然存在。2004 年，受人尊敬的历史学家塞缪尔·亨廷顿出版了一本令人陷入忧思的新书《我们是谁?》（*Who Are We?*）。他在书中警告说，那些"解构主义的计划"是以牺牲国家的历史为代价，才换来某些群体和地区历史地位的提高。他还警告称，"人类如果失去了这种国家性的历史记忆，将无法再形成一个民族国家"。

对那些由于某种原因而缺乏自信的国家来说，如何教授历史课程可能是一个更加敏感的问题。土耳其政府就对学校的课程设置有很大兴趣。那些主张对土耳其少数族裔的历史给予更多关注的历史学家，或者那些胆敢提及第一次世界大战中亚美尼亚种族曾面临灭绝的历史学家，都可能会发现自己惹上了大麻烦。俄罗斯总统普京个人对编写一套供学校教学的新版"爱

---

1 "合众为一"是美国国徽上的格言之一，其英文为"Out of many, One"。作者此处讲这句话的英文调换了顺序，表达了与"合众为一"恰好相反的意思。

国主义"历史教科书也很感兴趣。他专门向那些被他认可的作者发放补助（其中一位作者曾是研究马克思列宁主义的社会科学教授，后来改行成为历史学家），而俄罗斯政府也赋予自己权力，可以决定学校究竟使用哪个版本的教科书。2007 年6月，在克里姆林宫举行的一次教师会议上，普京盛赞了这些新教材。他说："许多教科书是由那些为获得外国资助的人写的，他们是拿别人的钱为别人做事，就像是跟着别人花钱演奏波尔卡舞曲跳舞一样。你们明白这是什么意思吗？"为了避免与会老师忽略他强调的重点，普京还告诉他们，是时候摆脱这种"混乱"了，应该用更公然的民族主义历史观去重新审视俄罗斯的过去。他说，新教科书应该正确看待斯大林及其在俄罗斯历史上的地位。普京向在场的老师承认，俄罗斯过去的确有一些"有问题的历史"，但是要比其他国家少得多（看看美国在越南的表现就知道）。他承认斯大林是一个独裁者，但这在那个时代是必要的，因为只有这样才能把俄罗斯从敌人的手中拯救出来。根据俄罗斯方面的说法，那场由美国发起的冷战对俄罗斯人来说是一场伟大的斗争，在那场斗争中，"民主化对俄罗斯来说并不是一个选择"。

　　幸运的是，历史教学也可以让事情变得更好。在南非，种族隔离政策结束以来，学校作为全国真相与和解项目的一部分，一直在努力展现一段包括所有南非人在内的历史。在爱尔兰共和国，历史在过去也同样受到政治压力的限制。学校里教授的历史是高度简化的版本：爱尔兰曾遭受了 8 个世纪的压迫，直到 20 世纪 20 年代爱尔兰民族主义获得胜利。所有不符合这个历史叙述的事件都被忽略，例如民族主义者之间的内战。今天，正如爱尔兰总统指出的，学校开始教授一个更全面、更完整的历史版本，此举旨在让学生们知道，看待过去的方式可能不止一种。

实际上，学校只是人们争夺历史解释权大战中的一个战场。在澳大利亚，约翰·霍华德和其他更保守的媒体也批评了新建的澳大利亚国家博物馆，理由是博物馆把澳大利亚的历史描述成了白人对原住民的种族灭绝，却没有强调建设这个国家的伟大探险家和企业家。博物馆，特别是那些涉及历史的博物馆，在我们心中总占据着一个特别的位置。不过，这些博物馆的目的究竟是纪念过去还是教导历史？究竟是回答问题还是提出问题？在大多数国家中，这些问题的答案并不清楚。例如，中国有不少关于战争的博物馆，但它们更像杜莎夫人蜡像馆，而不是皇家安大略博物馆或大英博物馆。因为这些博物馆没有把有标识的文物藏品放在陈列柜中，而是复原了许多所谓的历史场景。博物馆和纪念馆之间的区别非常模糊。因此，关于究竟应该如何描绘和解释历史，人们经常会就此展开非常激烈的争论。

1994 年，随着美国社会对国家历史标准的争论越来越激烈，华盛顿史密森尼学会开始计划举办一场纪念二战结束的展览。展览中的一件展品是曾在广岛投下原子弹的 B-29 轰炸机——这架轰炸机名为"艾诺拉·盖",源自该机机长母亲的名字——后来成为一场巨大争议的焦点。因为策展人一开始觉得,参观者看到这架飞机后,可能会反思当年使用这种最新、最具破坏力的武器是否在道义上存在问题。展览的部分展品是从广岛和长崎的原子弹爆炸废墟中找到的残留物品。尽管该博物馆在展览前,已经与包括退伍军人协会在内的特殊利益团体和历史学家进行磋商,但仍无法避免展览开幕后所引发的争议。

史密森尼学会策展人的初衷或许有些天真,他们原本试图用"艾诺拉·盖"号来引导公众考虑一系列问题,让人们反思现代战争的本质和核武器的作用。他们还希望借此告诉公众,在广岛和长崎投下原子弹的决定在当年就是充满争议的,而且对此事的争议一直到现在也没有中断过。但有些人对于展览持有强烈的反对态度,他们认为美国国家航空航天博物馆的存在本就不是为了引发公众争议,而是为纪念美国空军的荣耀,并增强美国人的爱国主义精神。新保守主义者则指责史密森尼学会和那些自由主义历史学家,认为他们借着暗示广岛原子弹问题存在道德争议,攻击美国在第二次世界大战中的表现和美国社会本身。《华盛顿时报》发现一个吊诡的事情,这次展览的主策展人之前是一名教授,同时也是加拿大人。二战老兵们对展览中那些暗示战争并不完全正确的说法感到不满。展览的第一版说明文字中有两句话，尽管它们后来被策展人删除了，但被人们反复提起，作为谴责史密森尼学会篡改历史的铁证。第一版说明文字曾写道，对大多数美国人来说，美国当年那场与日本的战争"根本上与对德国和意大利的战争不同，因为这是一场复仇之战"（讽刺的是，一些批评史密森尼学会的人士认为，这次展览应该把日本在战争中的暴行都囊括进来，比如南京大屠杀和巴丹死亡行军等事件）。更糟糕的是，从老兵及其支持者的角度来看，展览的说明文字似乎在暗示，对大多数日本人来说，"这是一场捍卫他们独特文化不受西方帝国主义侵蚀的战争"。美国空军协会则控诉道，这场展览实际上是在宣称，战争中美国和日本在道义上是平等的。同样糟糕的是，从协会的观点来看，这场展览是对美国空军价值的"尖锐的攻击"。

国会议员、报纸和右翼电台节目纷纷指责史密森尼学会玷污了美国的荣誉以及他们的战争英雄。乔治·威尔表示，史密森尼学会和国家历史标准同样受到"校园里奇怪的反美主义情绪"的影响。当时即将宣布参加竞选 1996 年共和党总统候选人提名的帕特·布坎南则认为，这次展览是"一场不眠不休的战役，旨在向美国年轻人灌输一种对美国过去的反感思想"。来自堪萨斯州的共和党联邦参议员南希·卡斯鲍姆则向参议院提出了一项决议案，希望宣布这个展览的说明文字是无礼冒犯的，并且指示美国国家航空航天博物馆不再去质疑"为自由献出生命的人们的记忆"。当年美国大选在即，没有人会投票反对这样的诉求。尽管史密森尼学会不断让步，反复修改展览的说明文字和展品，但对他们的攻击依旧不断增加。1995年1月，这场展览被取消了。四个月后，美国国家航空航天博物馆馆长也宣布辞职。

加拿大刚刚出现了一场类似的争议，而且也是关于一个博物馆应该如何纪念第二次世界大战。2005年，渥太华新落成的战争博物馆开放时，人们都在称赞这是一座宏伟的建筑。博物馆里有内容丰富、精心策划的展览，展示了加拿大从历史记载中最早的战争到21世纪在阿富汗的军事活动。尽管如此，这个博物馆在刚开放不久就遇上了麻烦，原因是博物馆里有关1939年至1945年期间轰炸德国的部分展品。正如第三章提到的，一块名为"永远的争议"的展板，让二战老兵及其支持者大为光火。因为这块展板让人们开始反思英国皇家空军的轰炸机司令部（及其负责人亚瑟·哈里斯爵士）所实行的轰炸战略的有效性和道德性——英国空军的战略意图是对德国工业区和居民区进行大规模轰炸，以此来摧毁德国继续作战的能力。二战老兵们还对博物馆展出的照片感到不安，那些照片记录了英军轰炸之后的情景，德国人的尸体遍布在倒塌的建筑物之中。

这个话题几乎肯定会受到二战老兵们的抗议，因为当初有超过两万名加拿大空军在英国皇家空军的指挥下轰炸德国，其中有将近一万人都阵亡了。此外，这些老兵在十年前就已经对这个问题进行过抗议。1992 年，加拿大广播公司播放了一部关于加拿大参与第二次世界大战的电视纪录片。其中有一集名为《勇气与恐惧》（*The Valour and the Horror*），展现了尽管加拿大飞行员在战争中非常英勇，但是在他们无所顾忌的指挥官带领下，进行了一场在道德上站不住脚的轰炸行动。二战老兵们便组织请愿活动，并且写信反对这部纪录片和播放此片的加拿大广播公司。保守党议员在众议院提出了充满敌意的问题，而此前一直默默无闻的参议院退伍军人事务小组委员会则举行了一系列意味深远的听证会。1993 年夏天之前，一群二战的空军老兵起诉了这部电视纪录片的制作人，要求巨额损害赔偿。这些老兵的律师说，这个问题只是"关于对与错、善与恶、白与黑、真理与谬误"。该诉讼后来上诉到最高法院，而最高法院最终判决这个诉讼因为违反了一般法律诉讼程序而无效。加拿大广播公司则向退伍军人们承诺此后不再重播这部纪录片。

由于退伍军人及其支持者当年在与加拿大广播公司的博弈中取得了令他们满意的胜利，他们这次也已经做好了充分准备，来抵制关于轰炸的展览。《军团杂志》（*Legion Magazine*）刊登了一篇题为《一场与博物馆的战争》（"At War with the Museum"）的文章，文中称"战争博物馆对他们展览中出现的问题保持了麻木不仁，甚至是伤害他人的态度，许多空军老兵都觉得自己及战友当年的行为被这个展览谴责为不道德的，甚至是犯罪。而谴责这些老兵的机构隶属于加拿大政府，当年正是这个政府派遣他们去执行这些痛苦的任务"。批评展览的信件开始纷至沓来，指责博物馆将加拿大飞行员污蔑为战犯。又同过去一样，那些亲身参与历史事件的人站出来，表示他们比后来研究历史的人更加了解当初究竟发生了什么。渥太华官方十分忌惮那些老兵的势力和影响力，因此他们非常愿意在事态再次失控之前就作出妥协。为了平息那些批评，博物馆馆长请来了四位利益不相关的历史学家（我也是其中之一），对这次展览提出了自己的意见。不幸的是，这四位历史学家之间产生了分歧。其中两个人试图维护他们的专业水平，承认当年的轰炸行动存在争议，但展览所展现出来的历史内容是"不平衡的"。其中一位问道，真的有必要让参观者去了解一场相当复杂的争论吗？这场争论是不是最好只由专家们参与呢？他总结道："如果我们一定要提出这样的问题，那么答案是否定的。"另外两位历史学家则认为，博物馆应该是一个让人学习的地方，当争议出现的时候，他们应该将争议呈现出来。我对此则总结道："历史书写不应该只让现在这一代人感到满意，而应该来提醒我们，所有关于人类的事情都是复杂的。"

参议院退伍军人事务小组委员会这次一改过去办事的拖延推诿，在 2007 年春季举行了一系列听证会，其中二战老兵的表现尤为突出。听证会最终的报告建议战争博物馆采取行动，解决与二战老兵之间的争议。该报告表示，博物馆应该"考虑用其他方法，来呈现这些展品背后同样具有历史准确性的历史叙述，这些方法应该尽量消除空军老兵感受到的侮辱，并消除公众进一步误解这些展览的可能性"。这些建议背后的含义很快就让人明白了。战争博物馆馆长在情况尚不明朗的时候就宣布辞职。不久之后，博物馆又宣布将在咨询那些老兵之后，修改展览中的说明文字。加拿大退伍军人协会全国委员会主席克里夫·查德顿在大获全胜之后，表现得很没有风度："我们不知道他们为什么花这么长时间来修改展览中的文字，因为很显然那些展板上的文字是错误的。"他承诺道，如果修改后的内容仍不能让他和其他退伍老兵满意，他们仍将继续抗议。

　　与许多其他国家一样，加拿大也对一些国家公共假日存在争议。1982年加拿大的自治领日更名为加拿大国庆日，很多人对此表示反对。这个节日最初是为庆祝加拿大在大英帝国的管辖下成功建立自治政府。而其他人则认为，由于加拿大刚刚在法律上脱离与英国的联系，这个新名字标志着加拿大的完全独立。[1] 在美国，哥伦布日近年来引发了更大的争议。这个节日最初旨在庆祝克里斯托弗·哥伦布在1492年10月发现（"发现"这个词现在也具有争议）新世界（这是人们争论的另一个

1　在时任加拿大总理的皮埃尔·特鲁多的努力下，1982年4月17日，英国议会通过加拿大法案，将加拿大宪法的修宪权由英国议会移交加拿大，至此加拿大完全脱离英国独立，但加拿大的国家元首依然为伊丽莎白二世女王，且加拿大依然有代替女王行使权力的加拿大总督，只不过在加拿大宪法中不称其为英国女王，而称加拿大女王。

焦点），但这个节日现在让美国的原住民们非常不悦，因为他们认为哥伦布的到来对他们来说是一件非常糟糕的事情，而哥伦布本人则是一个凶残的暴徒。但意大利裔的美国人对这个节日持相反看法。委内瑞拉总统乌戈·查韦斯深知抵制这个节日将为自己赢得公众关注，同时也会让美国感到恼怒，于是毫不犹豫地加入这个浪潮，并将这个节日在委内瑞拉改名为原住民抵抗日。庆祝哥伦布在加勒比海地区登陆五百周年的活动是一个尤为微妙的事件。在 1992 年这个纪念活动到来之际，300 名美洲原住民在厄瓜多尔首都基多会面，讨论过去五百年来原住民们的抵抗活动。在美国，新教徒的国家基督教联合会试图通过将入侵、种族灭绝、奴隶制度、"生态灭绝"以及土地剥削等话题视为哥伦布留给美洲的真正遗产，以此为契机向原住民们作出补偿。里根政府对这场特殊战斗并不感冒，于是很快就将官方的纪念活动改成了周年纪念活动，而不是庆祝活动。但这并没有阻止保守派继续指责大学中和其他地方的自由主义者是如此憎恨美国，以至于他们甚至想要否认美国文明的欧洲根源。

过去的历史越复杂，对于它们的纪念就越困难。就像当年西德无法决定究竟如何庆祝腓特烈大帝逝世两百周年——人们应该纪念作为学者的腓特烈大王还是作为士兵的他呢？腓特烈大王究竟应该被视作启蒙运动的代表人物还是希特勒的前身？几乎每一位法国人都赞成在 1989 年纪念法国大革命两百周年，但是那场革命究竟意味着什么？人们应该为自由、平等、博爱而庆祝，还是应该为那场革命造成的暴力和恐惧而感到遗憾？当年负责纪念活动的委员会成员之间据说就此吵得不可开交，而他们与政府之间也有不小的分歧。最后，这场国家性的纪念活动是由专门的演出经理人操办的，他在巴黎举办了一场盛大而古怪的游行活动，名为"地球各种族庆典"。千奇百怪的人都参加了这场游行庆典，包括装扮时髦的鸡、非洲鼓、在人造雪中行进的俄罗斯士兵、拖着传统大鼓的中国学生，还有来自美国佛罗里达的军乐队。对于这个景象，法国的《新闻周刊》（Newsweek）发文质疑说，代表法国的新口号是不是应该改成"自由、轻浮、讽刺"呢？

法国人不但难以对法国大革命的意义达成一致认识，事实上法国人对法国历史上的其他许多事情也是如此。例如人们应该如何看待拿破仑？他应该是一位伟大的民族英雄，还是像一位法国历史学家最近控诉的那样，是一位种族主义的独裁者？法国应该像英国纪念特拉法尔加海战两百周年那样，庆祝诸如拿破仑奥斯特利茨大捷等历史事件吗？[1] 还是应该在沉默中度

---

1 特拉法尔加海战是英国海军史上的一次最大胜利，这场战役挫败了拿破仑进攻英国本土的计划，巩固了英国海上霸主的地位。奥斯特利茨战役，是为瓦解奥地利和沙皇俄国等国组成的反法同盟，1805 年 12 月 2 日，拿破仑在奥斯特利茨（今捷克境内的斯拉夫科夫）指挥 7.3 万名法军，与弗朗茨二世和俄国沙皇亚历山大一世指挥的 8.6 万名反法联军展开了一场空前规模的"三皇会战"，经过十多个小时的鏖战，联军大败，阵亡 1.5 万人。此役使称霸欧洲的神圣罗马帝国被废除。为庆祝这次战役胜利，拿破仑于 1806 年 2 月下令在巴黎建造凯旋门，直到 1836 年才举行落成典礼。

过这些历史事件的纪念日？法国的学校又该如何讲授法国在阿尔及利亚的殖民历史呢？多年来，阿尔及利亚民族主义者与法国殖民者和法国军队之间的激烈战争被法国官方轻描淡写地叙述为只是一些"历史事件"。直到 2000 年，在阿尔及利亚战争期间担任高级情报官员的保罗·奥塞雷斯将军公开为法国军队使用酷刑辩护时，过去法国人对阿尔及利亚人普遍使用且被默许的虐待才开始成为公众讨论的话题（"9·11"事件之后，他还曾建议使用自己曾经使用的酷刑方法对待基地组织）。[1]2005年，法国政府通过一项法律，规定教科书应承认"法国对其海外殖民地，尤其是对北非地区的发展有着积极的推动作用"。起初，只有少数几位历史学家反对这种强行规定官方历史叙述的做法，但同年秋天北非裔青少年的骚乱震撼了整个法国社会时，这件事登上了新闻头条，并在国民议会上引起轰动。[2]

属于右翼傀儡政权的维希政府，曾在第二次世界大战期

---

1 阿尔及利亚战争期间，保罗·奥塞雷斯曾组建一支特别审讯部队。在严刑拷问之后，大部分嫌疑犯会被押解至奥塞雷斯设立的"集中营"，"危险分子"则遭到机枪扫射。2018 年 9 月，法国总统马克龙首次公开承认，法国在阿尔及利亚独立战争期间存在系统性虐待行为。他表示，由于当时法国议会赋予法国政府特别权力，后者得以建立了一套逮捕和关押机制，导致很多人受到虐待折磨，失踪者数以千计。

2 2005 年 10 月 27 日，巴黎东北郊克利希苏布瓦镇的两名北非裔移民少年因躲避警察盘查而意外触电身亡，引起当地移民的强烈不满。随后，巴黎郊区爆发长达二十天的社会骚乱，由于法国政府应对失当，骚乱在短时间内蔓延至全国，并波及德国和比利时。

间统治德国人占领下的法国领土。关于维希政府的历史也是如
今法国政府难以处理的一个问题。1945 年二战结束以后很长
一段时间里，法国人都选择了一种聊以自慰的叙述方式来面对
这段历史，但他们却忽视了维希政府曾在民众中受到的热烈支
持，以及这个政权同时也与纳粹有着高度密切的合作。1944 年，
当自由法国运动领袖夏尔·戴高乐将军胜利抵达巴黎时，他宣
布维希政府是"一个令人失望且毫无建树的政权"，法国人自
己的武装力量和抵抗运动所代表的，才是真正的法国；那些少
数曾在维希政府中就职的法国人应当受到惩罚，而真正的法国
人将继续重建他们伟大的国家。这个被大多数人接受的历史叙
述，让法国人忘记了一些过去的事情，比如法国警察曾心甘情
愿地围捕犹太人，并且把他们送到死亡集中营；当初参加抵抗
运动的人实际上很少；1945 年以后，许多与旧政权合作的官员
仍被允许继续担任他们的职务。法国政府也没有尽力尝试逮捕
和审判一些臭名昭著的战犯，比如"里昂屠夫"克劳斯·巴
比。实际上，这些战犯中有的人得到了教会或高层政要的庇
护。至少在 20 世纪 90 年代以前，从没有人对弗朗索瓦·密特
朗的陈述提出过质疑，这位 1981 年至 1995 年的法国总统声称，
在加入抵抗运动之前，他只在维希政府中工作了很短一段时
间。然而事实上，正如一位有胆识的记者发现的，密特朗在维
希政府中工作的时间比他承认的要长得多，而且他还曾获得一
枚维希政府的荣誉勋章。

法国逐渐接受一个真实的维希政府的过程非常痛苦。一开始，只有外国历史学家才会选择仔细研究这一时期的历史。当电影导演马塞尔·奥菲尔斯拍摄出经典的纪录片《悲哀和怜悯》(The Sorrow and the Pity) 时，法国电视台曾拒绝播放此片。因为这部纪录片展现了维希政权更真实的情况，打破了法国人过去对这段历史的想象。当这部纪录片在 1971 年被公开播出时，随即受到了法国国内右翼和左翼的攻击。左翼知识分子让-保罗·萨特认为片中的内容"不准确"。右翼媒体《世界报》(Le Monde) 的保守派评论员则批评影片中接受采访的犹太人，认为这些犹太人批评维希政府的总统贝当元帅是一种忘恩负义的行为，而他认为正是贝当挽救了这些犹太人的生命。在 20 世纪 70、80 年代，随着对维希政府的公共讨论的增加，越来越多关于这段历史的电影和书籍出现了。但直到 20 世纪末，当密特朗和他那代法国政治家逐渐退出历史舞台之后，新任法国总统雅克·希拉克才有机会承认，维希政权的确参与了纳粹的犹太人大屠杀。

在俄罗斯，政府从一种意识形态向另一种意识形态的转型就显得更加唐突了。苏联解体后的俄罗斯政府一直在努力利用历史为俄罗斯塑造一个新身份，但这些努力收效甚微。俄罗斯人常说："如今，我们国家的历史对我们来说难以捉摸。"虽然俄罗斯的新政权不愿意再纪念 1917 年 11 月 7 日的十月革命，但他们也不想因为取消这个为期两天的假期而失去人们的支持。鲍里斯·叶利钦执政的时候，他保留了这个节日，但将它重新命名为"和谐和解日"。然而俄罗斯公众在很大程度上对这一变化一无所知。到了2005年，普京将这个节日提前到了11月4日，并将其改称为俄罗斯"民族团结日"。而改变这一日期的理由，是为了纪念俄国在1612年曾成功抵御了波兰的入侵。除了激进的民族主义者，俄罗斯公众依然不清楚这个节日究竟在庆祝什么。

至少到目前为止，苏联解体后的俄罗斯社会对回顾斯大林时期的高压统治，似乎并没有表现出太大兴趣。俄罗斯很少有官方博物馆或历史遗址来纪念古拉格或成千上万死于斯大林监狱中的人。同时，俄罗斯也很少有纪念馆来纪念像安德烈·萨哈罗夫这样反对苏联政权的人。[1]

俄罗斯并不是唯一不愿回顾过去痛苦历史的国家。在越南战争结束后的十年间，美国都没有像以往战争结束之后那样，建立一个正式的战争纪念碑来纪念死难将士。直到普通民众自己成立民间基金会后，美国政府感到过意不去，才在华盛顿的国家广场建立了越战阵亡将士纪念碑。

在西班牙，直到1975年佛朗哥将军去世后，民主制度才逐渐落地生根。当时西班牙各政治力量之间达成一个对历史保

1　安德烈·萨哈罗夫是苏联原子物理学家，曾主导苏联第一枚氢弹的研发，被称为"苏联氢弹之父"，他同时也是人权运动家，反对独裁专政，是公民自由的拥护者，支持苏联进行民主改革。他在1975年获得诺贝尔和平奖。

持缄默的共识，那就是所谓的"遗忘协议"。这个协议的内容就是要忘记西班牙内战造成的创伤以及战后佛朗哥持续多年的高压统治。然而，近几十年来，作家、历史学家和电影导演们则开始探索这段关于战争的恐怖历史，西班牙政府也于2007年11月颁布了《历史记忆法》。西班牙全国上下都在努力寻找当年西班牙内战中万人坑的位置，并确认被佛朗哥的军队开枪射杀的受害者尸骨。佛朗哥政权本身已被彻底否定，并将尽可能地从公众纪念活动中抹去。佛朗哥的雕像在西班牙各地消失了，以他名字命名的街道和广场也被重新命名。然而这项法案却不太可能让人们对西班牙的历史形成统一的看法。如果说这项法案真的为西班牙社会带来什么影响的话，那就是展现了西班牙过去的分歧，同时又创造了新的分歧。"我们到底得到了什么呢？"曼努埃尔·弗拉加问道。弗拉加在佛朗哥执政时期担任过参议员和部长，也曾参与了西班牙的民主转型，他认为："看看英国发生的事情，尽管克伦威尔砍下了国王的头颅，但他的雕像仍然矗立在议会外面。你无法改变过去。"

西德和日本不仅被第二次世界大战中打败他们的胜利者逼着铭记历史，实事求是地说，他们也被本国的国民逼着直面曾经的失败。二战结束后不久，德国人就和其他欧洲人一样，全身心投入到生存和重建之中，因而几乎没有心思或精力去反思过去的历史。或许，也是因为他们在战争中的失败是如此彻底，纳粹的过往是如此不堪回首（以及德国人自己与希特勒的联系是如此深远），德国人更愿意躲在遗忘和沉默中寻求庇护。在 20 世纪 50 年代，一般很少有德国人愿意谈论纳粹主义，或者与他人互相提及对方与纳粹政权过去的联系。除了安妮·弗兰克的《一位少女的日记》（*Diary of a Young Girl*，即《安妮日记》）卖得很好之外，其他集中营幸存者写的许多回忆录和几篇讨论德国人罪行的文章并没有引起太多关注。然而，人们无法永远对过去保持沉默，总是有作家和思想家准备向人们抛出一些尴尬的问题。在战后他们的国家先被占领继而被分割为二的情况下，德国人也无法完全避而不谈当年他们曾争先恐后追随希特勒的后果。此外，西德在时任总理康拉德·阿登纳提议下，向以色列支付了赔偿（然而当时仅有 11% 的德国人认为这个决定不错）。

直到 20 世纪 50 年代末，西德人才开始认真审视他们的过去。1961 年，阿道夫·艾希曼在耶路撒冷接受审判，这个审判揭露了当年纳粹屠杀犹太人时的那套精心设计的官僚制度。随后在西德也对其他纳粹战犯进行了审判，更年轻、更激进的一代德国人开始要求了解过去的真相。1979 年，当美国电视剧《大屠杀》（*Holocaust*）在德国电视上播出时，超过半数的德国成年观众观看了这部电视剧。今天，已经统一的德国代表的是一个可以正视历史的社会，而且德国在以一种引人注目的方式处理历史问题。越来越多的集中营博物馆已经开放，而且参观也是学生课程的一部分。在柏林，德意志联邦共和国战争与暴政牺牲者纪念馆、二战中受损严重的威廉皇帝纪念教堂和欧洲被害犹太人纪念碑都是国家层面的二战纪念建筑，同时德国各个城市、城镇都有自己的二战纪念碑和博物馆。

冷战期间，当西德人在努力面对他们那段纳粹的历史时，东德人却在极力回避同样一段历史。东德政府设法撇清自己与纳粹的历史之间的任何联系，也拒绝为那段历史承担责任。在他们的叙述中，希特勒和纳粹代表着资本主义的最后阶段，正是他们挑起了战争，杀害了数百万犹太人和其他欧洲人；与其相反，东德是一个进步主义国家，一直与苏联并肩反对法西斯主义。事实上，有相当多的东德人在长大后，以为他们的国家在二战中是站在苏联那边的。尽管东德政府也为纳粹当年的三个集中营修建了纪念馆，但犹太人和吉普赛人丝毫没有被提及。

奥地利对历史的遗忘似乎更令人震惊。在第二次世界大战后的几十年里，他们一直成功地把自己描绘成纳粹首要的受害者。1945 年，在维也纳举行的纪念苏联阵亡士兵的仪式上，即将成为奥地利总理的利奥波德·菲格尔哀叹说："奥地利人民在希特勒的暴政下受苦受难了七年。"在接下来的几十年里，奥地利人都是用这样的说辞来聊以自慰。他们认为自己是一个快乐、温和的民族，从来没有想过与纳粹德国为伍；德奥合并是在希特勒逼迫下发生的；他们从来都没想过要打仗，如果他们的士兵真的参加了战争，那也只是为了保卫自己的家园。必须说清楚的是，奥地利的确在同盟国的手中遭受了巨大损失。然而，到底是谁摧毁了维也纳宏伟的歌剧院？事实上许多最狂热的纳粹分子，包括希特勒本人，都是奥地利人。1938 年德奥合并的时候，狂热的奥地利群众曾在维也纳街头迎接德国国防军的到来；许多奥地利人曾配合德国纳粹迫害和屠杀犹太人。以上的种种历史事实都被掩盖了。奥地利有少数勇敢的自由主义者曾试图赞美当年有一小部分奥地利人抵抗过纳粹主义，并纪念当年对犹太人的迫害，但他们发现自己被孤立了，并被指控为共产主义者。直到 20 世纪 60 年代，随着年轻一代开始走上历史舞台，以及德国自己对过去纳粹历史的反思，二战中奥地利所扮演的角色的问题才开始浮出水面。

日本经常被人们负面地拿来与西德作比较，尤其是中国人经常这样做。日本被控诉不承认在 20 世纪 30 年代曾侵略过中国，也不承认挑起太平洋战争的责任，更不承认在被侵略地区的野蛮行径，这些野蛮行径就包括从南京的强暴恶行到在中国东北地区进行反人道的人体医学实验。实际上，对日本的这些指控都有足够的事实证据支持。但是和奥地利一样，日本在二战结束后的几年里也把自己描绘成战争的受害者。日本利用广岛和长崎的原子弹爆炸一事，在一定程度上转移了人们对其罪行的注意力。例如，日本迟迟不向那些被强迫为日军提供性服务的慰安妇提供赔偿。历任日本首相几乎都会参拜供奉日本阵亡军人的靖国神社，而靖国神社中也供奉着许多二战的战犯。

另外，关于应该如何处理过去比较有争议的历史，公众一直在进行着长期的辩论。甚至在 20 世纪 50 年代，就已经有一些书籍和文章开始关注这个问题，其中许多是由目击者和亲历者撰写的。这些作品就能证明当年日本士兵的确犯下了许多暴行。与此同时，一些历史学家也开始撰写相关的文章，他们坚持要在作品中展现出战争的各个方面。虽然民族主义者对这些作品大加挞伐，但他们却没能阻止这些作品源源不断地问世。到了 20 世纪 70 年代，日本一些学校的教科书中已经开始提到南京大屠杀，并写出了遇难者的人数。对许多日本人来说，这十年间官方历史叙述的改变，标志着日本已经开始从历史上的受害者向施暴者转变。20 世纪 80 年代，当民族主义者试图淡化日本的侵略和战争中的暴行时，这些尝试引发了自由主义者的强烈反对，并在日本国内引发一场大规模的公开辩论。日本学者们开始扩展他们的研究范围，开始研究那些鲜为人知的历史事件和战争中人们较少关注的问题。1997 年 12 月的南京大屠杀纪念日那天，东京举行了一场隆重的纪念游行活动，来自中国和德国的访问学者也参加了这场活动，游行队伍在一盏印有中文"纪念"字样的特制灯笼后面穿过东京。

尽管历史经常会制造冲突，但它有时候也会帮助人们实现和解。南非和智利的真相与和解委员会就是通过揭露过去的一切丑恶来推动本国社会继续前进的。但这并不意味着人们只沉湎于过去的痛苦或罪行之中，把其他的历史都一概排除在外。

这个过程旨在让人们接受那些已经发生的历史，并试图评估这些历史的意义。当约翰·霍华德试图在澳大利亚推广一门关于澳大利亚历史的课程时，悉尼一所女子高中的校长讲述了她是如何处理一个有争议的历史事件的，那个历史事件是关于第一批白人移民来到澳大利亚的故事。这位校长表示："我们和学生研究了所有与白人定居有关的历史概念，包括殖民主义、入侵和种族灭绝等。"诚实地考察过去，哪怕这个过程对某些人来说难以接受，这都是一个社会走向成熟，并在社会之间架起桥梁的唯一途径。

2006年，过去曾是宿敌的法国和德国联合发行了一本历史教科书，而且两国的学生都会使用这本教科书。虽然书中的内容只涉及第二次世界大战结束之后的那段历史，但他们还有一个更长远的计划，打算编写1945年以前那段更难写的历史。在中东，伯利恒大学的巴勒斯坦籍教授萨米·阿德万一直在与以色列的心理学家丹·巴尔－昂合作，计划编写一套可以供巴勒斯坦和以色列高中生共同使用的教科书。他们希望这部教科书中的态度可以比法国和德国编写的那部温和，只把巴以双方对历史的两种不同的看法对照地列出来，并列举以色列人与巴勒斯坦人之间合作与和平的事例。他们期待这样的历史教科书有助于缓解巴以双方长久以来的诸多冲突，促进巴以双方的相互理解，因为从长远来看，这将具有更深远的意义。阿德万教授在接受采访时说："想要让巴勒斯坦和以色列的孩子们了解自己，就必须让他们了解对方。只有在了解对方的历史叙述之后，他们才会知道自己过去到底在多大程度上了解对方，从而才能让他们对自己的历史叙述做出改变。"遗憾的是，到目前为止，巴以双方只有少数老师表示有兴趣使用这个版本的教科书。

一个国家公开承认过去的历史，也有助于弥合国家间的创伤。西德领导人首次访问波兰时，时任总理维利·勃兰特在华沙犹太隔离区起义纪念碑前下跪，在当时产生了巨大影响。1984年，密特朗和德国总理赫尔穆特·科尔特意选在凡尔登会晤，共同筹谋欧洲一体化的未来。凡尔登是第一次世界大战中德法两国战斗持续时间最长、伤亡最惨重的战场。两国还在佩罗讷共同建立了一个战争博物馆，那里曾是第一次世界大战索姆河战役中德国军队总部所在地。德法两国建立这座博物馆的目的，是希望向公众展示战争也是一种带有欧洲特性的历史现象，同时也希望借此来强调当今欧洲一体化的必要性。

当然，承认过去的历史是一剂猛药，有时也会致命。米哈伊尔·戈尔巴乔夫曾提出了开放政策，允许人们公开讨论斯大林时期的历史，但这项政策最终导致了苏联解体。公然揭露古拉格集中营的真相和斯大林曾杀害的人数，大大打击了公众对整个苏联政治制度的信心。苏联曾在20世纪80年代一度承认，他们确实曾与希特勒密谋瓜分其他国家，而且苏联军队确实在1939年杀害了投降的波兰士兵。苏联对于这些历史的承认也严重打击了它在东欧的影响力（如今，俄罗斯媒体不再承认这段历史，而是又开始宣扬过去那种对德国所犯错误的指控，认为所有的罪行都是纳粹犯下的）。

第八章

指引方向的历史

　　正如我们看到的，历史被人们广泛地利用着，但这真的能满足人们利用历史的初衷吗？关于这一点，自从公元前 5 世纪修昔底德宣称过去可以帮助人们解释未来，人们的意见就一直存在分歧。爱德华·吉本认为历史更像是"人类罪恶、愚蠢和不幸的记录"。A. J. P. 泰勒与大多数人一贯的想法不同，他认为历史是一种令人享受的活动，除了可以帮助我们了解过去，没有任何用处。他曾轻蔑地说："当然，你可以学到一些常识性的东西，比如所有的人都会死，或者终有一天，过去任何具有威慑性的力量都会失去威慑力。"面对这些看法，也许我们最好问问自己，要是我们根本不了解任何历史，我们现在的状况会不会更糟。我想这个答案应该是肯定的。

　　首先，历史可以帮助我们理解很多东西。历史最首要的就是能够帮助我们了解那些必须要与之打交道的人；其次，同样重要的是，历史帮我们更加了解自己。正如美国历史学家加迪斯所言，历史的作用就像汽车的后视镜，如果你开车的时候只回头看它，你就会掉进沟里；但后视镜可以帮助你知道你是从哪里来的，还可以让你知道路上还有谁。当年使冷战对美苏双方都很危险的一个因素就是，他们根本不了解对方。美国对苏联在宣传上的夸大其词信以为真，想当然地认为他们真的力图称霸世界。而那些共产主义阵营的国家，无论是苏联还是中国，都认为像美国和英国这样的资本主义国家，一定会在日益残酷的利益斗争中互相残杀。

英国历史学家迈克尔·霍华德对冷战期间华盛顿盛行的态度感到失望。"当时在美国，苏联被视为一股宇宙级的邪恶力量，他们的政策和意图，可以通过将马克思主义的教条与苏联的军事能力相乘来预测。"事实上，苏联的许多目标在过去沙皇俄国时期就有，这些是由苏联的地理和历史决定的。过去的沙皇俄国几乎没有自然屏障，曾在历史上多次遭受入侵，因此俄国政府一直在寻求建立缓冲区来保护自己的中心地带。当斯大林在第二次世界大战结束后趁机进入东欧地区时，他不仅是受到了意识形态和民族自豪感的驱使，他这么做更多还是出于国家安全的考虑。斯大林之所以会有俄罗斯民族自豪感，是因为他是格鲁吉亚人。在战争期间，他设立了许多新的军事荣誉，这些荣誉称号不是以马克思或列宁的名字命名，而是以伟大的沙皇将军和海军上将的名字命名的。二战即将结束前的一个晚上，斯大林和他的亲信们共进晚餐后，在桌子上摊开一张地图，兴高采烈地在上面指着那些他重新夺回的沙皇俄国时期的领土。

美国的战略专家还认为，苏联政府当年为达成自己的目标，准备冒险发起全面战争。事实上，鉴于苏联在两次世界大战中遭受的巨大损失，以及 1945 年后又面临庞大的重建任务，苏联领导人同样有很大可能采取诸多行动来避免战争。我们现在已经知道，苏联当年的确不希望爆发战争。1962 年，尼基塔·赫鲁晓夫将装有核弹头的导弹运往古巴，他此举的部分想法是让美国感受一下，当自己的国土面临直接攻击甚至被彻底摧毁的威胁时是什么样的，而这种感觉苏联人经常可以体会到。后来赫鲁晓夫下令将导弹从古巴撤出，原因就是他不想再经历一场世界大战，而且这场战争会比他过去亲历过的两次世界大战更加残酷。

1949 年，中国共产党取得胜利建立新政权的时候，尽管美国对中国的了解远远超过对苏联的了解，但他们同样没能在战略上对中国有正确的估计。悲观的看法认为，中国共产党实际上受斯大林的控制，这种看法远远盖过了少数几位中国研究专家的声音。这些少数专家认为，中国和苏联在历史和文化上都存在很大差异，因此这两个大国分道扬镳可能只是时间问题。事实上，这些专家预测的事情，在十年后真的发生了。当中苏两国关系开始分裂的时候，西方的一些强硬派很难相信这件事，他们辩称，北京和莫斯科之间相互公开指责，正是共产党人异乎常人的表里不一和虚伪狡诈的体现。

　　苏联通常也同样严重地误读了西方，尽管他们更容易获取西方的信息。苏联曾以为西方列强试图摧毁他们，因为历史上他们就曾出兵干预俄国内战。[1]事实上，当年西方对俄国的干预虽然得到了诸如温斯顿·丘吉尔等人的大力支持，但也只是一场三心二意的行动。因为第一次世界大战结束时，英国和法国等国已经完全没有力量再进行任何军事行动了。然而苏联政府总是戴有很强的有色眼镜，他们对西方及其历史的一贯认知，只会加深他们的先入之见。甚至是正在接受训练的年轻苏联外交官，也只能通过阅读西方国家的共产主义报纸来了解西方。这些报纸认为，资本主义将一如既往地继续压榨工人，而英国和美国等国最终一定会爆发革命。至于民主、公众意见或法治等理念，这些报纸认为都只是说说而已。当包括吉米·卡特和比尔·克林顿在内的美国总统提及人权话题的时候，苏联领导人会认为这仅仅是干涉他们内政的一种方式。

　　如果你不了解其他人的历史，你就不会理解他们的价值观、恐惧和希望，也很难知道他们对你所做的事情会有什么反应。还有另一个容易让人们对其他人产生误解的方式，那就是设想其他人都和你一样。罗伯特·麦克纳马拉一生中大部分时

1　1918年到1920年期间，英国、法国、加拿大、美国、日本、中国和其他一些第一次世界大战中的协约国，对俄国内战进行的武装干涉。在协约国武装干涉期间，外国军队的军事存在被布尔什维克有效地用于爱国宣传，影响了俄国人民，最终赢得了内战的胜利。

间都在试图了解美国在越南战争中究竟犯了哪些错误。在他的回忆录《回顾》（*In Retrospect*）中，他提出了希望未来领导人可能会注意的一些教训。他在其中一篇文章中说："我们以自己的经验来看待南越的人民和领导人。我们以为他们对自由和民主充满渴望，以为他们身上有为之奋斗的决心。"美国同样也没有理解北越人的决心。他们一次又一次地假想，认为美国有能力给予北越致命打击，然后让北越领导人权衡各方面的利弊之后，主动决定投降。然而，正是北越人民曾经跟法国人坚持战斗了七年。麦克纳马拉对此伤心地总结道："我们对朋友和敌人的误判，反映了我们完全不了解该地区人民的历史、文化和政治，对他们领导人的性格和习惯也一无所知。"

然而，小布什政府近年来却未能从历史中吸取教训。2002年，一位白宫高级顾问轻蔑地对记者罗恩·萨斯金德（Ron Suskind）说："你们相信研究过去的史实是有用的，但世界已经不是这样运转的了。我们现在是一个帝国，当我们行动时，我们就在创造自己的事实。当你们开始明智审慎地研究这个事实的时候，我们会再次行动，创造其他新的事实，你们可以继续研究这些事实，而这就是我们解决问题的方式。我们是历史舞台上的演员……而你们，你们所有人，就只能研究我们做出来的事情。"如果白宫多研究一点过去的事实，小布什总统可能不会在"9·11"事件发生两天后用"十字军东征"这个词来形容他打算如何对付恐怖分子。无论是什么教派的穆斯林，即使是最温和的穆斯林，都会本能地从小布什的话语中想起历史上西方的侵袭。如果多关注一些历史事实，美国和英国也许不会对伊拉克人不欢迎他们、不喜欢外国控制伊拉克的石油资源而感到惊讶。

2002 年 11 月，也就是入侵伊拉克的四个月前，英国时任首相托尼·布莱尔与英国的独立专家们进行了唯一的一次会晤。剑桥大学的中东问题专家乔治·约菲表示："我们几乎都在说同一件事，那就是伊拉克是一个非常复杂的国家，不同民族之间存在着巨大仇恨，千万不要以为你会受到欢迎。"但布莱尔似乎对这种分析的论调不感兴趣，反而把注意力集中在萨达姆身上："虽然如此，但这个人的邪恶是无人能比的，难道不是吗？"而专家们则试图解释说，萨达姆三十年的独裁统治已经牢牢掌控伊拉克的社会，以至于伊拉克几乎没有独立的力量能与英军合作。但布莱尔仍不感兴趣。英国外交部此后也不再听取这些专家的重要知识和意见。

五年多后，在 2008 年 1 月，英国国防部发布了一份报告，严厉谴责英国派往伊拉克服役的士兵对当地的情况准备不足。报告称，目前英军士兵缺乏应当如何在伊拉克作战的基本信息，也不清楚伊拉克人可能对他们做出什么反应。报告接着说，英军没有预料到伊拉克会与巴尔干半岛和北爱尔兰有如此巨大的差异，而英军的作战经验基本上都是在这些地区获得的。换句话说，英军在赴伊拉克之前，根本没有研究伊拉克的历史。

了解历史也有助于人们避免那种对一切事物一概而论的懒惰。当南斯拉夫正在解体的时候，悲观主义者认为，当初与塞尔维亚人开战是愚蠢的。他们常常会说，不信的话就看看塞尔维亚人是如何在第二次世界大战中击败纳粹军队的。但是事实上，正如几年前一位美国军方研究人员发现的，如果更仔细地考察当年那段历史，你会发现当时德国派遣的军队并不是德军的主力，甚至大多数部队的兵力都严重不足。如果再往前回顾第一次世界大战的历史，你会看到塞尔维亚军队遭遇了惨败而且被迫逃亡，塞尔维亚的国土也被德国和奥地利军队占领直至战争结束。人们对阿富汗也有类似的误读，因为一些权威专家曾表示，阿富汗在历史上从来没有被外来势力征服过。这种说法会令亚历山大大帝和成吉思汗都大惊失色。今天，我们会听到一种说法，认为西方列强不应该干涉津巴布韦日益动荡的局势和正在发生的悲剧，因为这样会唤起津巴布韦人民对当年西方殖民的回忆。遗憾的是，当美国出兵越南或最近干涉伊拉克的时候，他们并没有考虑这些因素。

历史也有助于我们更好地了解自己。人们总是喜欢用对自己有利的眼光看待自己，但这样也会留下一些我们看不到的阴影。例如，加拿大人总认为自己是世界上一股仁慈的力量，但他们往往忽略了这样一个事实：在所有富裕国家中，加拿大在过去几十年里提供的对外援助少得惊人。虽然加拿大人以自己是世界和平的维护者而自豪，但他们往往不知道，加拿大在20世纪参加了四次大规模战争，从南非战争到朝鲜战争他们都参加了。美国人也时常认为自己是爱好和平的民族，认为他们从不愿意主动挑起战争。罗纳德·里根总统在1983年曾说道："我们的国家从来没有发动过战争。我们唯一的目的就是威慑其他国家，向他们展现出我们的实力和制止战争的能力。"然而在墨西哥人、尼加拉瓜人、古巴人或今天的伊拉克人看来，情况并非如此。

乔治·桑塔亚那有一句名言："那些不能铭记过去的人注定要重蹈覆辙。"尽管这句话总是被政治家和其他爱故作高深的人引用，但历史确实有效地提醒我们，不要忘记那些过去曾引发各种麻烦的情景。第二次世界大战结束时，同盟国领导人决定，这次德国和其他轴心国不能声称他们从未在战场上被打败过。同盟国对轴心国的要求是无条件投降，同时也在战争结束后占领了德国、日本和意大利。同盟国作出很大努力来改造轴心国的社会，使他们摆脱过去的非民主和军国主义，然而这些努力并没有全部成功。当有人抱怨这种做法就像罗马人强加给迦太基的那种野蛮的和平时，美国将军马克·克拉克却指出，如今已经没有什么人听说过历史上的迦太基人了。[1]

---

[1] 古迦太基在同罗马共和国的三次布匿战争中均遭到了失败，并于公元前146年灭亡。古迦太基灭亡之后，罗马军队摧毁了迦太基城。后来在迦太基城原址附近建立新城，并成为罗马的阿非利加省首府。

当富兰克林·罗斯福总统和其他西方领导人开始计划战后的世界局势时，他们的脑海中还留存着许多刚刚过去的记忆。他们想建立一个强有力的世界秩序，防止世界局势再次滑向一场纷争不断的致命冲突。两次世界大战之间的那段时光，国际局势并不稳定，部分原因就是国际联盟不够强大。当时以美国为首的几个主要大国都没有加入国联，同时像德国和日本这些国家后来也退出了国联。这一次，罗斯福下定决心，必须让美国成为新成立的联合国的一员。他还准备努力让苏联也加入联合国，以此来维持世界局势的稳定和繁荣。20世纪20年代，国际秩序曾处于不稳定的平衡状态，到30年代，经济大萧条进一步加剧了这种状态。为应对经济大萧条，各国开始将注意力转向国内发展，纷纷筑起关税壁垒，以保护本国工人和工业发展。然而这种对某个国家个体可能有利的做法，对整个世界来说却是灾难性的。贸易和投资大幅下降，国家间的竞争也开始加剧。世界局势就这样一步步走向第二次世界大战。正如一位美国外交官在二战结束时所说的："那段历史在科德尔·赫尔担任国务卿的时候，就像《圣经》中描述的伊甸园的堕落一样广为人知。历史决不能再重演！"

为避免这种情况，同盟国在苏联勉强默许的情况下，建立了被统称为布雷顿森林体系的国际货币体系，同时还建立了世界银行、国际货币基金组织和国际贸易组织（这就是后来世界贸易组织的前身）。这些经济组织的宗旨是维持世界经济的稳

定发展，并鼓励各国之间的自由贸易。然而，这些机构对 1945
年后的国际秩序究竟有多大影响，直到现在仍是一个充满争议
的问题。但毫无疑问的是，世界局势再没有重蹈 20 世纪 30 年
代的覆辙。

2008 年下半年，随着席卷全球的金融危机再度出现，人
们再次开始关注过去经济大萧条的记忆以及应当从中吸取的教
训。那些将凯恩斯的著作束之高阁的专业经济学家，开始重温
他的著作，尤其是那些谈到政府有必要对风险进行监管，以
及政府有义务利用宏观政策刺激经济发展的部分。还算幸运的
是，在那紧张的几个月里，时任美联储主席本杰明·伯南克，
恰好是研究经济大萧条的专家，他是当时负责制定美国经济政
策的关键人物之一。他写了很多文章，也到各地做了许多演
讲，内容主要是他从过去获得的经验教训。在一篇 2000 年发
表于《外交政策》（*Foreign Policy*）的文章中，他指出："股市
崩盘对经济的影响，与其说取决于崩盘本身的严重程度，不如
说取决于经济政策制定者对崩盘的反应，尤其是央行官员的反
应。"他表示，美联储试图通过提高利率等手段来保护美元价
值的做法是错误的，相反他们应该努力稳定美国国内经济。关
于如何应对 2008 年的金融危机，与其他许多官员相比，他更
主张政府应该刺激经济。

理查德·诺伊施塔特和欧内斯特·梅在他们的著作《历史
的教训》（*Thinking in Time*）中提出，了解一件事的背景也能

帮助我们避免不必要的甚至代价巨大的错误。最能说明这个问题的例子是1979年夏天，当时有谣言说苏联已在古巴部署作战部队，这件事不仅发生在美苏关系的紧张阶段，而且还让人回想起1962年的古巴导弹危机，当时苏联向古巴大量运送了包括核武器在内的各种军事装备。后来直到赫鲁晓夫向肯尼迪提出的要求让步，决定撤回火箭和核武器，这场危机才宣告解除。肯尼迪曾默默承诺过，美国不会出兵古巴。而1979年关于苏联军队的谣言，是否又是当年类似危机的开端？若真是如此，苏联岂不是明目张胆地违反了1962年的撤军协议，此举又意味着什么？

卡特总统的国家安全顾问兹比格涅夫·布热津斯基曾要求美国的情报机构调查苏联军队的情况。到8月中旬，有报道证实古巴确实有一个旅的苏联军队。此后不久，美国参议院外交关系委员会主席、爱达荷州联邦参议员弗兰克·丘奇公开发声，他对记者说："总统必须明确一点，那就是我们要保证有一个明确的边界，防止苏联进入我们的势力范围。"这场危机在当年9月的大部分时间都在不断发酵。渐渐地，随着政府开始重新调查这些文件，他们发现了两件事。首先，肯尼迪总统的确曾要求苏联从古巴撤出地面部队，但他最终没有坚持自己的要求。第二，特别令人尴尬的是，苏联军队似乎从1962年以来就一直驻扎在古巴，从没有撤出过。卡特的国务卿赛勒斯·万斯写道："令人震惊的是，人们对苏联地面部队存在的意识，已经从情报机构的记忆中淡去了。"自肯尼迪时代以来一直驻华盛顿的苏联大使阿纳托利·多勃雷宁，当时恰好因为母亲病危而回到莫斯科，后来他匆忙赶回美国，帮助解决当时美苏双方日益升温的危机。在莫斯科，他的上司难以相信这一切都是美国的无心之过，并猜测美国人对此肯定有非常险恶的企图。在多勃雷宁看来，整个事件就像一场闹剧，导致了美苏关系的进一步恶化。

　　我们社会中有两个特别的群体，他们一直严肃认真地把历史作为他们行动的指导。这两个群体就是商界和军方的人士。他们都想知道，如果他们采取某项特定的行动，成功的可能性会有多大，他们的投资会失败吗？或者对军方来说，他们的战争会失败吗？为了降低失败的可能性，一个最常见的方法就是研究过去类似的情况。实际上，这就是案例研究的本质。为什么福特公司的埃德塞尔车型在市场上一败涂地，而大众公司却取得了成功？[1] 2008 年，随着次贷危机的影响波及全球经济，市场分析人士也开始转向历史，试图通过分析历史数据来预测究竟股市低迷将持续多久（似乎在过去五十年里，全世界经历了九次熊市，每次平均持续时间仅在一年左右）。

　　投资者可能会经历几次市场低迷的时期；但军人则大部分

---

[1]　埃德塞尔轿车是以福特公司创始人亨利·福特之子埃德塞尔·福特的名字命名的车型，这款被福特公司寄予厚望的车型在推出市场三年后因为销量寥寥而被迫停产。

都从未亲身参与过战争，只有很少一部分高级军官可能参与过一两次作战。人们可以通过军事演习来模拟真实作战，但这些演习却不可能复制现实中的战争，因为真实战争中的暴力和死亡及其所有的混乱都不可预测。因此，历史就成为一个非常重要的工具，可以让军人学习打赢战争的原因，以及同样重要的导致失利的原因。尽管不同国家的武器和军装是不一样的，但各国军事学院和参谋学院却都会安排他们的学生学习伯罗奔尼撒战争或纳尔逊的战役等相同的教学内容。经过演习和实际战役之后，军人们就开始研究战争中到底发生了什么，并试图从中吸取教训。官方编写的第二次世界大战的历史，就是旨在帮助政府和军队从战争的得与失中吸取教训。

今天，美国军方有一些人正试图从 1954 年到 1962 年法国与阿尔及利亚民族主义者的战争中吸取教训，并且将这些经验应用到伊拉克战场上。这两者之前的确有相似之处：它们都是科技先进的大国与难以捉摸却无处不在的敌人作战；当地有许多心怀不满的平民，其中有些人积极支持叛乱分子；同时伊斯兰教和民族主义助长了这场战争。在弗吉尼亚的海军陆战队大学，年轻的军官们现在可以选择一门关于法国同阿尔及利亚之间战争的课程。展现双方残酷作战的经典电影《阿尔及尔之战》(*The Battle of Algiers*)，目前正被五角大楼用作训练的教材。这部电影的意大利左翼导演吉洛·彭泰科沃在 2006 年去世前不久曾说过："美国军方的做法令我感到奇怪。因为我认为《阿尔及尔之战》能做的最多就是教人们如何拍摄电影，而不是怎么打仗。"小布什总统一直在读一本关于阿尔及利亚战争的经典著作《野蛮的和平战争》（*A Savage War of Peace*，在互联网上，这本书最初的精装本售价超过 200 美元，因为小布什总统的推荐，出版商才匆忙推出了平装本）。2007 年 5 月，小布什总统罕见地邀请该书的英国作者阿利斯泰尔·霍恩到白宫会见。小布什总统似乎并不在乎法国最终输掉这场战争的事实。据小布什的一位助手说，小布什觉得这本书很有意思，但他得出的结论是，法国之所以失败，是因为他们的官僚作风完全不能胜任前方的战斗任务。

然而，研究过去的历史并不总是能让军队避免犯错。在第一次世界大战之前，有大量证据表明各国的军事实力都在增强。在美国内战和 1904 年至 1905 年的日俄战争中，堑壕战作为一种新的作战方式开始出现，使得战壕与更强大、射速更快的火力结合在一起，极大地增加了战争的伤亡损失。[1]但只有少数观察者认真对待了这种新的作战方式。大多数欧洲军事思想家对这类战法不以为然，因为他们认为这种战法都是作战能力较差的（在他们眼中，非欧洲的）部队使用的。法国军队因

---

1 堑壕战利用低于地面，并能够保护士兵的战壕进行作战。参战双方都有固定的防线。当双方火力大大提高，移动力和通讯系统却没有多大改进时，堑壕战就会开始。在第一次世界大战中，西线战场的堑壕战造成了最多的伤亡。下文提到的凡尔登战役，也是一场旷日持久伤亡惨重的堑壕战。

为受到自身军事传统的影响，一贯倾向于在战场上强调进攻。当法军在普法战争的第一个月中发现一位年轻军官阵亡的时候，他们更加坚定了对进攻的坚持。阿尔当·杜皮克认为，胜利最终会属于战争中士气高昂的一方。法军的战略研究人员还强调战争中需要更强大的火力、更精良的训练以及包括骑兵在内的庞大兵力，这样才能确保胜利。在 1914 年以前，他们很少强调防御方面的技术，而在 1918 年之后，他们又在这方面下了太大的功夫。第一次世界大战的巨大损失，西线战场相持多年的僵局，以及最重要的法德两国在凡尔登要塞的争夺战（法军在那里挡住了德军前进的步伐），这些都使法国军方和政客们相信，未来的战争需要严密的防御系统。正当飞机、机动火炮、坦克和其他机动化武器的快速发展使得绕过或攻击防御要塞成为可能时，法国人却把他们的希望和大量军事预算都投入到马其诺防线上。到了第二次世界大战，当法国军队把大部分兵力部署在马其诺防线上等待德军发动前所未有的大举进攻时，希特勒的军队早已从这条防线的西端迂回进入法国。[1]

1　马其诺防线，是法国在第一次世界大战后，为防御德军入侵而在其东北边境地区构筑的防御工事体系，从 1928 年开始修建，到 1940 年基本建成，以时任法国陆军部长安德烈·马其诺的姓氏命名。这道数百公里长的防线掩体坚固、交通便利、炮火点密集，曾被认为是绝对不可逾越的战线。第二次世界大战在欧洲正式爆发后，德军佯攻马其诺，实际上集中装甲部队从阿登山区突破，从北部长驱直入，法国人苦心经营十余年的马其诺防线毁于一旦。

到越南战争结束时，美国军队已经非常了解如何利用反叛乱战略来应对各国的民族主义运动了，这些民族主义运动通常采取传统和游击的方式作战。[1]其中唯一的问题是，很少有人愿意回顾越战的历史，人们也不愿意从越战中总结教训。美国海军上校哈姆斯一直对反叛乱理论很感兴趣，他说："美国人发自肺腑地希望这样的事不要再次出现。"美国的军事训练一向着重于常规战争；在 20 世纪 70 年代，美军的核心战略规划中甚至没有提到反叛乱战略。然而，哈姆斯研究了中美洲、非洲，以及阿富汗等地的小规模战争，并写了一本关于如何对付游击战的著作。但一位出版商起初却拒绝出版，他认为："这是一本有趣的书，写得很好，但没有什么人会对这个话题感兴趣，因为这样的战争几乎不可能发生。"哈姆斯的《投石器与石头：论 21 世纪的战争》（*The Sling and the Stone: On War in the 21st Century*）终于在 2004 年出版，当时美国正深陷伊拉克战争，在痛苦地吸取着他们过去遗忘的教训。2005 年，为数不多的在伊拉克战场取得成功的大卫·彼得雷乌斯将军在伊拉克建立了一所反叛乱战略学院。回到美国后，他又在高级军事训练学院中安排了关于反叛乱战略的必修课。劳伦斯的那本关于第一次世界大战期间阿拉伯军队反抗土耳其的《智慧七柱》

---

1 "反叛乱"是指美国为了在第三世界各国维持某个亲美政权的统治秩序和权威，打败反对亲美政权的力量或者反美力量，并为铲除反美力量滋生的根源而采取的政治、经济、军事、民事、心理等综合性行动措施。

和法国军官大卫·加鲁拉的《反叛乱战争》(*Counterinsurgency Warfare*)，则出人意料地成为军事基地附近书店的畅销书。

历史可以帮助我们变得更加明智；它还可以告诉我们采取某些行动可能会带来什么样的后果。但是历史中没有明确的蓝图可以帮助我们按照自己的意愿塑造未来。每一个历史事件都是由各种因素、人物或年代共同发力的特殊产物。然而，通过回顾过去，我们可以得到一些有用的教训，来指导我们如何继续前进，同时也能得到一些警告，来了解究竟哪些事可能发生，哪些事不可能发生。我们必须谨记，应当尽可能地放宽回顾历史的眼界，如果只是一味寻找那些能够支持我们已做出的决定的历史经验，我们将会遇到麻烦。1941 年 5 月，当各方面都发出警告，认为德国即将进攻苏联时，斯大林却拒绝听从这些警告。斯大林当时并不愿意同德国开战，因为他深知苏联完全没有做好打仗的准备。因此，他说服自己，德国在与英国缔结和约之前不会对苏联采取行动。斯大林告诉他身边的心腹："希特勒和他的将军们不会蠢到同时在两条战线上作战。这么做已经让德国人在第一次世界大战中尝到了苦头。"然而一个月后，德国军队闪击苏联，本应在边境做好防御的苏联军队在德军冲击下一时间溃不成军。实际上如果斯大林之前愿意的话，他原本可以从之前发生的事件中汲取类似教训，从而避免这样的惨状。因为早在德军占领奥地利和捷克斯洛伐克之前，希特勒就已经显示了他的赌徒心态。1940 年，希特勒以出人意料的速度战胜法国之后，更加相信自己的战略是永远正确的。此外，希特勒也从未掩饰过自己长远的野心，那就是向东扩张，为德国人民争取更多的领土。

如果我们可以谨慎地利用历史，那么历史可以为我们提供不同的选择，帮助我们发现现在必须要质疑的问题，同时还能告诫我们可能出错的地方。20 世纪 20 年代，劳伦斯就对英国政府干预当时处于其控制下的伊拉克事务提出批评，那时伊拉克刚成为一个新生国家[1]：

> 英国人已经在美索不达米亚地区被引入了一个陷阱，而且他们很难体面地逃脱这个陷阱。由于相关的消息被不断隐瞒，英国人被骗进这个陷阱当中。巴格达的公报来得迟缓，内容既不真诚也不完整。这个地区的情况比我们被告知的要糟糕得多，我们的政府比公众了解的更加残忍和低效。这是我们帝国历史上的耻辱，这个耻辱就像一个伤口，可能很快就会因为感染而无药可医了。如今我们已经临近灾难。我们那些不幸的来自印度和英国的军队，在气候和后勤供应如此糟糕的条件下，还要管理一个面积巨大的地区。他们每天都在为巴格达政府的错误政策付出极大的代价。然而责任并不是军队的，他们只不过是按照当地

1　1915 年，英国军队从奥斯曼土耳其帝国手中夺取了伊拉克地区，英国此后以国联的名义对其进行统治，直至 1932 年伊拉克独立。

政权的命令行事罢了。[1]

2002年，美国和英国政府计划快速攻下伊拉克，还自信地认为将速战速决，他们在伊拉克停留的时间不会很长。然而，他们真的应该明智地研究一下过去英国占领伊拉克时的情景。当年英国人也认为这是件容易的事情，当地人会欢迎他们，或者至少保持沉默，他们会找到一个愿意合作的阿拉伯领袖作为他们的代理人。此外，伊拉克将通过出口小麦以及尚未开采的石油来维持运转。然而这些美好的幻想只持续了不到一年。1920年夏天，英国军队试图镇压遍及伊拉克各地的叛乱，但此举几乎让英军精疲力竭。尽管英国人认为他们找到费萨尔一世作为代理人，并且计划在第二年让他登基成为伊拉克国王，但费萨尔从未表示他会完全顺从英国的意愿。[2]直到20世纪50年代，伊拉克仍然是英国势力范围内一个动荡不安且麻烦不断的地区。在2002年伊拉克战争前，美国和英国将占领伊拉克视为二战之后他们占领德国和日本。然而他们选错了类比的对

1　这篇题为《关于美索不达米亚的报道》的文章，刊登在1920年8月22日的《星期日泰晤士报》上。

2　费萨尔是哈希姆王朝的成员，1920年短暂统治过大叙利亚，但同年4月叙利亚被托管给法国，费萨尔被逐出叙利亚，此后移居英国。此时英国政府恰好担心其托管地伊拉克局势不稳，遂改直接统治为名义上的君主制。当时公民投票显示96%的民众赞同费萨尔，于是他成为伊拉克国王，于1920年8月登基。他在伊拉克1932年成为完全独立国家的过程中发挥了重要作用。

象，更公平地说，英美两国的决策者们，因为在 2002 年的这场战争中选错了参照的历史对象，从中吸取的教训自然也是错误的。2003 年 2 月 26 日，小布什总统在美国企业研究所的一次演讲中曾自信地说："过去有一段时间，许多人都说日本和德国的文化与民主价值观是不相容的，但事实证明他们错了。有人说今天的伊拉克也是如此，很显然他们也是错误的。"当年对日本和德国的占领之所以能够成功，是因为同盟国在取得胜利之前早已制定了周密的计划，同时他们还有成千上万的军队在对方的国土上，而且当时这两个国家均已承认战败。

　　如果那些在 2002 年做出关键决策的人，愿意去了解伊拉克人会如何回应外国入侵和占领，他们或许可以从英国在这里或是其他殖民地的经历中找到一些有益的启发和警示，比如第二次世界大战结束时的德国和日本。当我们试图弄清楚一件事情的真实情况（而且可能掌握的信息比我们所能消化的还要多）并做出决策时，我们常常会使用类比的方法来判断这件事属于什么模式，同时从中找出哪些因素是重要的，哪些因素是不重要的。如果小布什总统或布莱尔首相认为萨达姆是一个希特勒式的人物，那么他们就会按照历史上对付希特勒的方法来对待萨达姆。如果决策者认为 2008 年的金融危机就像是 20 世纪 30 年代的经济大萧条，那么政府和中央银行可能会决定刺激经济。如果他们认为这更像是 20 世纪 90 年代互联网泡沫破灭，那么他们会觉得将其视为市场的短期修正或许更为明智。

人不一定总会做出正确的类比，但可以肯定的是，人们总是会尝试选择一个类比对象来解决问题。

中国人千百年以来一直很清楚这一点。中国传统文化历来很喜欢从历史中寻找道德故事和明智处事的例子。即使是喜欢强调凡事都向前看的中共，也保持了这个几千年来中国传统文化中的习惯。从毛泽东开始，中共的领导人都喜欢引经据典，通过反复提到历史来表达自己的意思，有时候他们甚至会提及远古时代的历史事件。这就好比美国总统或加拿大总理在谈话中不经意地提到凯撒大帝或查理大帝，并希望听众能马上明白他们的深意。20世纪60年代末，毛泽东开始考虑与美国改善关系，这在一定程度上是为了制衡苏联。关于中国与美国、苏联的关系，毛泽东想到了中国古代三国时期的诸葛亮，他曾建议刘备与魏国和吴国中的一个势力结盟，以此来击败另一方势力。同时诸葛亮还建议刘备采取远交近攻的策略，与距离较远的势力结盟，以免他们的盟友因为距离他们的边境太近而变成敌人。后来毛泽东的决策的确反映出这种思想，而我们也看到，中美关系在不断发展，而苏联和后来的俄罗斯也对中国越来越尊重。这样的结果让人不得不信服毛泽东当年以史为鉴所作出的决策。

当美国在1991年海湾战争中领导联军进攻伊拉克时，美国的领导人想到了两个值得参照和借鉴的对象。他们一方面不希望美国军队再陷入像越南战争那样的泥潭，另一方面又希望能够阻止萨达姆政权继续玩火，就像是他们在冷战时期遏制苏联和中国。尽管老布什总统和他的参谋长联席会议主席科林·鲍威尔将军因没有入侵伊拉克和推翻萨达姆政权而饱受批评，特别是右翼人士的批评，但事实上他们的行动是明智的。美国和联军并没有在一场地面战争中陷入困境，尽管萨达姆政权得以幸存，但其威胁邻国的能力已经被大大削弱（遗憾的是，萨达姆政权仍然有杀害和镇压伊拉克公民的能力）。

当然，我们必须非常小心地与历史上的事件做类比。如果选择错了类比的对象，不仅会使当前的复杂情况变得过于简单，还会导致错误的决策。2001 年 9 月 11 日之后，尤其是以新保守主义者为代表的人开始热衷于谈论一个话题，即西方如何使自己陷入了第四次世界大战。新保守主义思想家诺曼·波德霍雷茨认为，冷战是第三次世界大战。而经历过 20 世纪 90 年代的短暂和平之后，他认为人们如今再一次陷入一场同伊斯兰原教旨主义的大规模的残酷斗争。与其他世界上发生过的战争一样，这次美国及其盟友依然是无辜的一方，而其他人才是战争的始作俑者。西方国家参战的做法只是在自卫，即便在伊拉克战争中是西方国家先发起了进攻，他们也依然认为这是在自卫。从这个角度看，伊拉克战争是一场合乎道义的战争，是善与恶的战争。加拿大作家大卫·弗鲁姆骄傲地为这些西方的敌人发明了一个简便的名称，称他们为"邪恶轴心"。在第二次世界大战中，轴心国指德国、意大利和日本紧密连结的战争同盟。而这次的"邪恶轴心"则是指伊拉克、伊朗等国家。然而，伊朗和伊拉克两国在 20 世纪 80 年代还打得不可开交。此外，冷战也不像两次世界大战那样是一场大规模的军事冲突，而且也不是以战场上的停战协议告终的，而是冷战双方中的一方最终解体。所有批评"反恐战争"或占领伊拉克无限期和性质不明确的人，则都被视为孤立主义者和懦夫，甚至还有更难听的称呼。在评论波德霍雷茨的近作《第四次世界大战》（ *World War IV: The Long Struggle Against Islamofascism* ）时，伊恩·布鲁玛写道："这本书表达了一种奇怪的好战心理，即期待战争能带来清晰的疆界，能清楚划分自己的同胞，甚至能划分整个世界的民族，期待战争还能帮助我们区分朋友和敌人、同志和叛徒、宁死不屈的斗士和投降派，以及我们的同路人和我们的反对者。"

多年来流传甚广的另一个类比是"慕尼黑"，这是 20 世纪 30 年代民主国家对独裁者采取的绥靖政策的简称。[1] 当年的绥靖政策旨在防止另一场战争的爆发，但最终却事与愿违。"慕尼黑"这个说法源于 1938 年的慕尼黑会议，当时英国和法国

---

1 绥靖政策（policy of appeasement）也称姑息政策或"安抚政策"，最初指 20 世纪 30 年代国际关系中的一种特殊的外交政策。由于当时能够左右世界局势的几个大国对法西斯侵略国采取姑息、纵容的政策，不仅没有阻止战争的蔓延，获得苟且的和平，反而最终促成了人类历史上空前规模、空前残酷的第二次世界大战的全面爆发。后来将对侵略不加抵制、姑息纵容、退让屈服，以牺牲别国为代价，同侵略者勾结和妥协的政策统称为"绥靖政策"。

一致同意，希特勒统治下的德国有权占有捷克斯洛伐克的苏台德地区。"慕尼黑"一词因此也就成为面对侵略软弱退缩的代名词。绥靖政策的批评者们说，如果民主国家面对希特勒、意大利和日本的扩张能够挺身而出，甚至在 20 世纪 30 年代德国重新武装之前就有所作为，那么第二次世界大战就不会爆发。但是这个类比究竟有什么寓意？难道这说明，你永远都不应该和你的敌人交谈，不应该试图寻找共同点？如果真的是这样，那么艾森豪威尔总统与赫鲁晓夫，或尼克松与毛泽东的会晤，都可以算是绥靖主义了。难道民主国家在 20 世纪 30 年代试图避免战争是错误的吗？他们对第一次世界大战中惊人的伤亡人数仍心有余悸，而且这场战争也刚刚结束没多久。他们还担心那些新式轰炸机将会摧毁文明。站在后来人的角度重新审视当年的绥靖政策，张伯伦等人的失误之处在于，他们误以为一旦满足希特勒的诸如要求德奥合并的"合理"目标，他就会收手。

2008 年 5 月，小布什总统在以色列议会的一次演讲中，抨击了那些认为自己可以与叙利亚、伊朗和哈马斯组织等美国的敌人进行建设性对话的人。尽管他没有说出这些人的名字，但大多数人推测他指的是吉米·卡特总统和民主党总统候选人贝拉克·奥巴马，也许还有这次活动的东道主。"1939 年纳粹坦克开进波兰时，"小布什说，"一位美国参议员曾宣称：'主啊，要是我能和希特勒谈一谈，这一切或许都可以避免。'我们有义务认清这样一个事实，这种所谓的绥靖政策带来的只有虚假的安慰，历史已经一再证明这种做法是错误的。"但是叙利亚和伊朗同纳粹德国一样吗？与这些国家对话，究竟是软弱的表现还是促成和平的明智尝试？与恐怖组织对话总是错误的吗？英国人在北爱尔兰与爱尔兰共和军作战，但也愿意与之谈判。究竟什么算绥靖政策，什么又不算，其界限并不清楚。不可否认的是，自那之后"慕尼黑"作为绥靖政策的代名词，对政治家们产生了强烈影响，同时也被广泛用于为各方面的政策辩护。丘吉尔首相的继任者安东尼·艾登在 1956 年试图与埃及统治者纳赛尔打交道时，曾使用过这个类比，却产生了灾难性后果。同当时许多所谓第三世界的领导人一样，纳赛尔已经准备好在冷战期间接受美苏双方的援助。他一方面从共产主义阵营的捷克斯洛伐克手中购买武器，另一方面也试图从美国获得贷款，在尼罗河上修建阿斯旺大坝。但时任美国国务卿杜勒斯却无法通过国会获得这笔贷款。为报复美国和筹集修建大坝的资金，纳赛尔将苏伊士运河收归国有。此前，苏伊士运河一直由英国所有和管理。艾登对此的反应毫不含糊。作为 20 世纪 30 年代的英国外交大臣，他与这些人打交道的经验非常丰富。这次他和全世界又面临着相同的问题。正如他在回忆录中所写的："正因为纳粹们一次又一次地从绥靖政策中得到好处，从撕毁阿比西尼亚（即今埃塞俄比亚）的协议开始，他们又相继在莱茵兰、奥地利、捷克斯洛伐克以及阿尔巴尼亚等地得寸进尺，这些胜利让希特勒和墨索里尼深信民主国家没有抵抗的意愿，因此他们可以继续沿着这条道路一个国家接着一个国家地扩张下去，直到称霸世界……当我和我的同僚们在 1956 年秋天重新回顾这段历史时，我们决定不能再让这样的事情发生。"但是纳赛尔并不像希特勒一样想要征服其邻国。相反，他是一个民族主义者，同时他迫切需要资源来发展自己的国家，并在中东确立领导地位。英国最初设想联合法国和以色列，共同控制苏伊士运河，但这个行动不仅考虑不周，还使埃及人和整个阿拉伯世界团结在纳赛尔的一边。此外，这一举动也激怒了美国人，因为美国担心的并不是20世纪30年代绥靖政策的重演，而是英国此举会对其他第三世界国家产生道义上的影响。

1950 年，当朝鲜军队进入韩国时，美国总统哈里·杜鲁门清醒地认识到有必要采取行动："斯大林在韩国的所作所为，就像希特勒和日本人在十年、十五年、二十年前做的事情一样。"毫无疑问，斯大林和希特勒一样，都在赌他们能够获得一场轻松的胜利。然而，对斯大林来说，一旦觉得对朝鲜的支持要付出更大代价，他就随时准备撤回援助。但是没有什么证据可以证明，当年希特勒有意放弃对欧洲的野心，即便他遭到民主国家的强烈反对，他也不会放弃的。因为他早已下定决心迟早都要发动战争。肯尼迪总统的毕业论文《英国为何沉睡》（*Why England Slept*）就是关于英国的绥靖政策，这篇论文后来还出版成书。因此，当肯尼迪总统与他的顾问们讨论应该如何处理古巴的导弹问题时，他脑子里想到了当年的慕尼黑协定。肯尼迪说，20世纪30年代"给了我们一个清楚的教训，那就是如果你对别国的侵略行为不加制止也不予理睬，那么最终就会导致战争"。不过，肯尼迪总统明智地利用海上封锁来对苏联施压，而没有直接发动战争。幸运的是，他当时刚刚读了芭芭拉·塔奇曼关于第一次世界大战起源及过程的著作《八月炮火》（*The Guns of August*），因此他深切认识到一系列错误决策会导致一场巨大的灾难。几年后，肯尼迪的继任者林登·约翰逊在越南战争中，再次使用了这个类比。他不愿做当年的英国首相张伯伦，后者正是当年同希特勒打交道的人。他对自己的传记作者说，如果能解决越南的困局，"我一定归功于采取的积极行动"。

1965年，当约翰逊必须决定是否向越南派遣地面部队时，政府内部不同意见的争论几乎都是依据对历史的类比。正如牛津大学的邝云峰指出的，慕尼黑协定、朝鲜战争以及1954年法国在第一次印度支那战争中战败等历史事件，都成为当时美国内部激烈争论的论据。争论的一方以罗伯特·麦克纳马拉、美国国务卿迪安·腊斯克以及负责东亚和太平洋事务的助理国务卿威廉·邦迪为代表，他们认为慕尼黑协定和朝鲜战争都支持美国应当在越南扩大军事存在。邦迪所说的过去的教训就是，"面对任何形式的侵略都必须尽早采取行动，否则就会贻误最佳时机，事态也会进一步恶化。我们重新回顾了20世纪 30 年代的教训，无论是日本在中国东北地区、意大利在埃塞俄比亚，还是德国在莱茵兰、捷克斯洛伐克等地的事件都告诉我们这个教训"。他们还发现，如果战争进一步蔓延到中国边境，中方很可能会进行干预，这也让美军出兵的决策变得复杂。这一点限制了美国处理越南问题的方式，这是他们在朝鲜战争时没有考虑到的。

　　当时反对出兵越南的人士以时任美国副国务卿乔治·鲍尔为代表。1965 年春天，他就警告说，即使派遣 50 万军队到越南，美军"也没有十足把握在战争中取胜"。他类比了当年法国在第一次印度支那战争中的失败，那场战争最后以法国在奠边府的驻军投降而告终。他指出："法国军队在越南浴血奋战了七年，最终在那里被彻底击败，要知道当时他们派遣了 25 万名身经百战的二战老兵，还有 20.5 万名南越军队作为后援。"他还警告称，在许多越南人眼里，美国只不过是取代法国成了另外一个殖民者。就像小布什总统后来将伊拉克与当年的阿尔及利亚类比一样，鲍尔的反对者则侧重强调美国人和法国人的不同之处。他们认为，当时法国内部在战争问题上一直存在分歧，而且领导人既软弱又不坚定。除了少数神职人员和学者外，美国公众普遍支持对越南的战争，而且美国政府也下定决心要在越南取得胜利。此外，大多数"有知识"的越南人都明白，美国出兵越南并非为了本国的利益，而是为了捍卫南越的独立。于是在这场利用类比的论战中，鲍尔败下阵来。时任美国驻南越大使亨利·卡伯特·洛奇表示："我觉得如果我们不出兵越南，爆发第三次世界大战的威胁会更大。难道你看不出来如今的局势和当年慕尼黑协定签署时如出一辙吗？"

　　反过来，越南战争后来也常常成为被人们类比的对象。人们主要从两个方面吸取了教训。自由主义者和民主党以及部分军方人士认为，美国一开始就不应该介入越南战争。正是艾森豪威尔、肯尼迪和约翰逊让美国陷入了一场没有明确目标又没有关键利益危害的战争。这样的结果就是美国在国际中丧失了道义上的权威，被日益塑造成一个帝国主义霸权，而越战中美军士兵也的确制造了诸如美莱村大屠杀这样的惨案。[1] 因此，越南战争中一个重要的教训，就是美国应避免再次卷入这类的冲突。而另一方面的教训对右翼分子更有吸引力，这个教训就是如果美国准备全力以赴参战，就应该轰炸北越直到他们投降，并且派遣更多的地面部队。如果美国当初这样做，越南战争本来是可以打赢的；同时，美国国内的媒体和公众舆论也应该得到更好的管理，以防止那些国内的流言和失败主义言论干扰美军在外的作战。

　　1991 年，当老布什政府考虑对萨达姆采取行动时，越南

1　美莱村屠杀，是越战期间美军第 23 步兵师第 11 旅第 20 团第 1 营 C 连的官兵，于 1968 年 3 月 16 日对越南广义省山静县美莱村平民进行的屠杀。屠杀事件起初被掩盖了一年多，直到几个美国士兵先后写信反映自己所在部队的暴行，并提到这次惨绝人寰的大屠杀。越南官方报告称村中的 900 名平民中，有 568 名遭到了杀害。

战争就成了一个阻止美国出兵的案例。时任参谋长联席会议主席科林·鲍威尔就参加过越南战争，他从越战之后就一直铭记着当年的教训。所以他认为美国如果要再打一场战争，那就应该在战争中始终保持压倒性力量，并且有明确的目标。美国不能再陷入一场无休止的冲突，这样的冲突会让美军不停地流血牺牲，在国内也会出现反战浪潮。另外，避免再出现当年的慕尼黑协定，也是美国出兵的一个理由。当然，在对科威特的侵袭中，萨达姆无疑是侵略者，而对他进行军事打击，也的确会制止他进一步侵犯邻国的企图。海湾战争后，伊拉克的军事实力被大大削弱，因此他们不得不配合联合国对其进行武器核查。

当小布什的新政府在"9·11"事件后把注意力转移到伊拉克问题上时，他们也利用当年的慕尼黑协定作为类比，但这两者间实际上并没有什么关系；20世纪30年代，希特勒领导着当时世界上最强大的国家之一。正如美国学者杰弗里·雷科德所言："希特勒既不软弱也不退缩，而萨达姆则又软弱又容易被吓倒。"1991年的"沙漠风暴"行动以迅雷不及掩耳之势打击了萨达姆政权，这场战争几乎还没开始就已经结束。2003年，美军再次只用一支小规模部队在三周之内就彻底击溃了萨达姆政权。而当年英、苏、美三国的力量联合起来用了四年时间才打败希特勒。尽管小布什政府和布莱尔政府都试图将萨达姆渲染为对全世界的威胁，以便他们顺理成章地出兵伊拉克。

然而就我们所知，他们虽然宣称萨达姆拥有大规模杀伤性武器，但他们的证据实际上是站不住脚的。对于任何了解历史的人来说，那些关于萨达姆与本·拉登有某种关联的说法更是无稽之谈。萨达姆是一个世俗主义者，而本·拉登则是宗教狂热分子。这两个人之间不仅没有什么联系，事实上本·拉登还多次呼吁伊拉克人推翻萨达姆政权。我们的确可以从历史中学习和借鉴过去的经验与教训，但当我们有选择地从历史中找出一些证据支持我们早已下定决心要做的事情时，我们实际上是自欺欺人。

余论

2001 年 9 月 11 日傍晚，美国作家苏珊·雅各比在纽约一家酒吧无意中听到了两名男子的谈话，其中一个人说："今天发生的事情就像珍珠港事件一样。"而另外一个人则问道："珍珠港事件是什么？"第一个人回答道："就是当年越南人在某个港口投下炸弹，从而引发了越南战争。"他们完全不了解历史上曾经发生的事情，竟然可以错得如此离谱，然而不了解历史对他们来说真的有关系吗？我认为有关系。一个公民如果无法将当下发生的事情放在历史背景中考察，同时还对过去的历史知之甚少，他就很容易被那些号称掌握历史知识和历史教训的人灌输其创造的历史叙事。正如我们经常看到的，在牺牲个体利益的基础上，历史被用来加强某些群体的团结、为错误对待他人的行为辩护、支持某个特定的政策和行动方针。对过去的了解有助于我们挑战教条主义的陈述和笼统的概括，有助于我们更清晰地思考。

倘若酒吧里那两个不了解历史的人知道珍珠港事件，他们就会明白，恐怖分子袭击世贸中心与 1941 年日本袭击美国是完全不一样的。当年的珍珠港事件是美日两国之间的战争，而如今的"9·11"事件则是一起恐怖主义袭击。这个区别也进一步表明，美国对待恐怖主义的战术和战略都将与过去有所不同。尽管包括小布什政府在内的许多人都在说要发动一场反恐战争，但这种说法实际上具有误导性。因为战争都是针对确切敌人的，而不是针对某些思想的。战争往往都有明确的目标，一般来说是迫使敌人投降，但反恐战争却没有明确目标。恐怖分子对世贸中心的袭击也全然不像当年的越南战争。越战中，美国把战火蔓延到了他们敌人的国家，同时美军及其盟友南越也有北越这个不好对付的敌人。

"9·11"事件之后，美国人对此都感到非常震惊、愤怒和恐惧，此时对美国人和他们的领导人来说，最关键的就是能够冷静清醒地思考。首先，他们要明确到底谁是敌人。在这方面，历史对他们是有帮助的。因为回顾历史，人们不仅能够了解基地组织及其目标，而且还能明白这个组织对西方充满仇恨的原因。历史也提醒美国人，他们的国家过去在世界上是如何行事的，在面临威胁时他们的国家又做出过什么行为。然而，美国政府在准备对阿富汗和伊拉克开战时，基本都忽略了这些提醒。世贸中心遇袭一年后，美国最为深思的国际关系史学家之一的保罗·施罗德写了一篇文章，标题为《"9·11"事件给我们带来了哪些变化？没有很多，也没有很好》，敦促美国政府应该把"9·11"事件放在更长历史时期和全球背景下考虑。他在文中说，这次袭击的确很可怕，但它并没有对美国造成长期的损害。诚然，恐怖主义对美国的威胁仍然非常严峻，但局势却不如其他国家过去和现在所遭遇的那样严峻。然而，小布什政府却利用"9·11"事件宣称，美国有权在不与盟国或联合国等国际组织磋商的前提下，自行决定在任何时间向任何对象发起攻击。施罗德在文中写道："我们很难理解，也不可能夸大，这种小布什式的新说辞究竟有多么新颖、全面，以及将给世界秩序与和平带来什么样的危险和破坏。它违反了过去五个世纪中不断发展的国际体系的两大基石：独立原则和司法平等，以及国际体系中各成员间的协调状态（现在基本上就是指各个国家间的关系）。反过来，同样重要的还有，这些独立的国际成员需要组成和参与拥有共同目的的组织，并且遵循公认的规范和行为，特别是那些旨在维护国际和平与安定的规范。"此外，美国正在放弃与其他国家合作维护世界秩序的历史传统，并在入侵和占领伊拉克时放弃了长期以来反对帝国主义的历史传统。更糟的是，正如巴格达中央监狱（阿布格莱布监狱）和关塔那摩监狱中的虐囚事件体现的，这将破坏和削弱美国一贯以来对法治的尊重和重视。

历史可以通过为我们提供一些过去的背景和事例来帮助我们思考当今的世界。它可以帮助我们提出问题，因为没有好的问题，我们很难条分缕析地思考。历史知识告诉我们，回答这些问题需要什么样的信息；而历史经验则教会我们如何评估这些信息。当历史学家回顾过去时，他们就像法国司法系统中的预审法官那样研究历史事件。[1] 历史学家会提出疑问：当时究竟发生了什么？为什么会出现这样的情况？历史要求我们严肃地对待证据，尤其是当证据与我们已经做出的假设相矛盾时。目击者说的一定是真话吗？我们如何衡量一个版本的说法胜过另一个版本的说法？我们是不是提出了正确的或是唯一的问题？历史学家还会进一步质疑过去发生的某一特定事件、想法或态度究竟意味着什么。它们究竟有多重要？答案在一定程度上取决于我们现在提出了什么样的问题，以及我们认为什么对我们是重要的。历史不会对所有问题都给出确切的答案。这是一个自然发展的过程。

历史不仅可以帮助我们理解这个复杂的世界，同时也告诫我们，认为看待事物的方式只有一种或只能采取某种行动的想法，是非常危险的。我们应该随时准备好考虑其他可能性，并提出反对意见。当我们的领导人坚定地说出，"历史这样教导我们"或"历史将证明我们是正确的"时，我们不应被打动。因为他们可能像我们任何人一样，会对一些历史问题过度简

1　预审法官制度正式产生于 1808 年法国《重罪审理法典》。预审法官由大审法院的法官担任，主导刑事重罪案件的侦查，在刑事诉讼程序中独立于负责侦察的检察官和负责审判的法官，又同时享有检察官和法官的侦察、司法职权，即一方面以完全中立的方式调查事实真相，寻求有利于或不利于被告的证据，另一方面又可以作出法院裁决。

化或强行使用一些不恰当的比较。即使非常聪明和有权势的人（二者不一定是相同的）也会自以为是地走上这条错误的道路。作为一个公民，我们应该时刻谨记，那些身居要职的人并不总是更了解情况。

因为历史研究需要有一种怀疑的态度——无论对证据还是全面的解释都保持怀疑——所以质疑我们的领导人也是一种健康的态度。因为领导人并非永远正确，事实上经常恰恰相反。1893 年，驻扎在地中海的英国海军司令、海军中将乔治·特赖恩决定亲自指挥夏季的海军演习。当他下令将两列平行的战舰调头时，他的军官们试图指出此举将会让两舰发生碰撞，因为只需要一个简单的计算就能发现，两舰需要的最小转弯半径大于它们之间的距离。当时，他手下的军官们却只能沮丧地看着这一切发生——旗舰"维多利亚"号被"坎博当"号撞上了。特赖恩不相信自己的旗舰损坏严重，并命令附近的船只不需要派出救生艇救援。结果后来"维多利亚"号沉没，特赖恩和 357 名船员一同葬身大海。此外，在"轻骑兵的冲锋"事件中，当一群英国轻骑兵在错误的指令下直冲俄国人的炮兵阵地时，也同样反映了我们人类的愚蠢。愚蠢的不仅仅是指挥冲锋的卡迪根勋爵，还有允许他成为指挥官的军事体制。正如美国记者大卫·哈伯斯塔姆在他的最后一篇文章中指出的："这是一个我们一遍又一遍在历史中反复读到的故事，对任何一个国家来说，他们最危险的时刻可能就是历史上那些他们觉得任何事情都异常顺利的时候，因为他们的领导人会变得狂妄自大，并且觉得自己的行为都是正确的。"

谦卑是我们能从过去的历史中学到的最有用的教训之一。正如英国著名文学家约翰·凯里所言："历史最有用的作用之一，就是让我们明白，过去几代人是多么强烈、真诚和痛苦地追求他们的目标，而这些目标如今在我们看来又是多么荒谬或可耻的。"例如，过去有很多人曾誓死捍卫奴隶制度；那些所谓依据科学的关于地心说和日心说的争论；在维多利亚时代很多人曾断言人类种族有优等和劣等之分；甚至几十年前还有人觉得女性和黑人不可能胜任工程师或医生的工作。

历史也鼓励现在的人们反思自己。英国小说家 L. P. 哈特利曾经写道："过去就像一个陌生的国度，那里的人们的处事方法与我们截然不同。"比如，中国历史上文官的地位要高于武将，或者罗马帝国时期的家庭形态与当代西方的核心家庭也截然不同。这些历史向我们展示了与现在不同的价值观和社会组织形态。这并不是说所有的价值观之间都是相对的，相反，我们应该认真审视我们自己的价值观，而不仅仅是理所当然地认为自己的就是最好的。英国历史学家约翰·阿诺德曾优雅地描述道："研读历史就像访问一个陌生的国度：那里的人们做的事情有些与我们相同，有些不同。但最重要的是，他们的存在让我们更加意识到，我们自己所谓的'家'究竟是什么样子。"

如果历史研究能够教会我们谦卑、怀疑和自我反思，那么它对我们来说是非常有用的。我们必须继续审视自己和他人的假设，并提出质疑：这些假设的证据在哪里？或者这个假设还有其他的解释吗？我们应该警惕那些以历史的名义提出的宏大主张，以及那些号称一劳永逸地发现了历史真相的人。

　　最后，我唯一的建议就是，我们可以利用历史，享受历史，但应该始终严谨地对待历史。

致谢

　　这本书是我受西安大略大学历史系之邀，在 2007 年秋季的乔安妮·古德曼（Joanne Goodman）系列公开讲座上所讲的内容。这个系列讲座的冠名是为纪念一名在意外车祸中不幸遇难的历史专业学生，其缘起可以追溯到 1966 年，多年来很多杰出人士都曾经在此开讲。我很荣幸能够成为他们当中的一员，这也是我反思自己所选课题的绝佳机会。感谢西安大略大学的老师和学生们前来参加我的讲座，同时他们的提问和评论也帮助我进一步完善了思路。

　　我很幸运地找到了乔纳森·威尔（Jonathan Weier）这位优秀的研究助理，他后来几乎成了我研究的合作者。我也一如既往地感谢那些与我讨论想法，并耐心阅读我的草稿的朋友和家人。这里有一长串的名单，但我要特别感谢我的兄弟汤姆（Tom）和大卫（David），我的姐姐（Ann），我的姐夫彼得·斯诺（Peter Snow），我的侄子丹（Dan）和亚历克斯（Alex）；还有我的经纪人卡罗琳·道内（Caroline Dawnay）和她的加拿大同行迈克尔·莱文（Michael Levine）。像往常一样，我的母亲伊莲娜德（Eluned）是我最好的批评者和校对者。多年来，鲍勃·博思韦尔（Bob Bothwell）教会了我很多关于历史的东西，我对他的感激一言难尽。这次他又耐心阅读了我的手稿并给了我很多建议。同牛津大学的许多新同事交谈，也使我受益匪浅，他们对历史究竟如何被利用这个话题很感兴趣。我要特别感谢安妮·戴顿（Anne Deighton）、罗斯玛丽·富特（Rosemary Foot）、邝云峰（Yuen Foong Khong）、卡里普索·尼古拉迪斯（Kalypso Nicholaïdis）和阿维·什莱姆（Avi Shlaim），还要感谢圣安东尼学院的学生们，他们耐心地听我讲课，给我提供了许多宝贵的信息。最后同样重要的是，这本书的出版得益于英国 Profile 图书出版公司的安德鲁·富兰克林（Andrew Franklin）和露丝·基里克（Ruth Killick）的鼎力相助，感谢你们。

拓展阅读

关于运用、滥用历史与记忆的主题，有着数量巨大并且仍在不断出版的书籍与文章。以下所列的是部分我认为最有用的材料。

Abu El-Haj, Nadia. *Facts on the Ground: Archaeological Practice and Territorial Self-Fashioning in Israeli Society.* Chicago: University of Chicago Press, 2002.

Appleby, R. Scott. "History in the Fundamentalist Imagination". *Journal of American History* 89, no. 2 (2002).

Arnold, John H. *History: A Very Short Introduction.* Oxford: Oxford University Press, 2000.

Bacevich, Andrew J. "The Real World War IV". *Wilson Quarterly* 29, no. 1 (Winter 2005).

Bell, Duncan, ed. *Memory, Trauma, and World Politics: Reflections on the Relationship Between Past and Present.* Basingstoke, U.K: Palgrave Macmillan, 2006.

Black, Jeremy. *The Curse of History.* London: Social Affairs Unit, 2008.

Brundage, W. Fitzhugh. *The Southern Past.* Cambridge, Mass.: Harvard University Press, 2005.

Cannadine, David, ed. *What Is History Now?* Basingstoke, U.K.: Palgrave Macmillan, 2002.

Carr, E. H. *What Is History?* London: Macmillan, 1961.

Collingwood, R. G. *The Idea of History.* Rev. ed. Oxford: Oxford University Press, 1994.

Delisle, Esther. *Myths, Memory, and Lies: Quebec's Intelligentsia and the Fascist Temptation, 1939–1960.* Westmount, Q.C.: Robert Davies, 1998.

Evans, Richard. *In Defence of History.* London: Granta, 2000.

Fischer, David Hackett. *Historians' Fallacies: Toward a Logic of Historical Thought.* New York: Harper and Row, 1970.

Gardner, Lloyd C., and Marilyn B. Young. *Iraq and the Lessons of Vietnam; or, How Not to Learn from the Past.* New York: New Press, 2007.

Geary, Patrick J. *The Myth of Nations: The Medieval Origins of Europe.* Princeton, N.J.: Princeton University Press, 2002.

Gillis, John R., ed. *Commemorations: The Politics of National Identity.* Princeton, N.J.: Princeton University Press, 1994.

Halberstam, David. "The History Boys". *Vanity Fair,* Aug. 2007. *History & Memory* (journal).

Hobsbawm, Eric, and Terence Ranger. *The Invention of Tradition.* Cambridge, U.K.: Cambridge University Press, 1983.

Howard, Michael. *Captain Professor: The Memoirs of Sir Michael Howard.*

London: Continuum, 2006.

——. "The Use and Abuse of Military History." *RUSI Journal* 107 (Feb. 1962).

Judah, Tim. *The Serbs: History, Myth, and the Destruction of Yugoslavia.* New Haven, Conn.: Yale University Press, 1997.

Karlsson, Klas-Göran, and Ulf Zander, eds. *Echoes of the Holocaust: Historical Cultures in Contemporary Europe.* Lund, Sweden: Nordic Academic Press, 2003.

Khong, Yuen Foong. *Analogies at War: Korea, Munich, Dien Bien Phu, and the Vietnam Decisions of 1965.* Princeton, N.J.: Princeton University Press, 1992.

Lebow, Richard Ned, Wulf Kansteiner, and Claudio Fogu, eds. *The Politics of Memory in Postwar Europe.* Durham, N.C.: Duke University Press, 2006.

Linenthal, Edward T., and Tom Engelhardt. *History Wars: The Enola Gay and Other Battles for the American Past.* New York: Henry Holt, 1996.

Lowenthal, David. *The Heritage Crusade and the Spoils of History.* Cambridge, U.K.: Cambridge University Press, 1998.

May, Ernest R. *"Lessons" of the Past: The Use and Misuse of History in American Foreign Policy.* New York: Oxford University Press, 1973.

Murray, Williamson, and Richard Hart Sinnreich. *The Past as Prologue: The Importance of History to the Military Profession.* Cambridge, U.K.: Cambridge University Press, 2006.

Neustadt, Richard E., and Ernest R. May. *Thinking in Time: The Uses of History for Decision Makers.* New York: Free Press, 1986.

Nobles, Melissa. *The Politics of Official Apologies.* New York: Cambridge University Press, 2008.

Novick, Peter. *The Holocaust in American Life.* Boston: Houghton Mifflin, 2000.

Pappé, Ilan. *The Ethnic Cleansing of Palestine.* London: Oneworld, 2006.

Record, Jeffrey. "The Use and Abuse of History: Munich, Vietnam, and Iraq". *Survival* 49, no. 1 (Spring 2007).

Winter, Jay. *Remembering War: The Great War Between Memory and History in the Twentieth Century.* New Haven, Conn.: Yale University Press, 2006.

Winter, Jay, and Antoine Prost. *The Great War in History: Debates and Controversies, 1914 to the Present.* Cambridge, U.K.: Cambridge University Press, 2005.

Yoshida, Takashi. *The Making of the "Rape of Nanking": History and Memory in Japan, China, and the United States.* New York: Oxford University Press, 2006.

译名对照表

以利亚撒・本－耶尔 Elazar Ben-Yair

本杰明・伯南克 Benjamin S. Bernanke

费迪南・贝蒂埃 Ferdinand Berthier

约翰・贝杰曼 Sir John Betjeman

奥萨马・本・拉登 Osama bin Laden

托尼・布莱尔 Tony Blair

布狄卡（旧名博阿迪西亚）Boadicea

　　(Boudica)

维利・勃兰特 Willy Brandt

诺曼・布鲁克爵士 Sir Norman Brook

戈登・布朗 Gordon Brown

兹比格涅夫・布热津斯基 Zbigniew

　　Brzezinski

帕特・布坎南 Pat Buchanan

威廉・布列特 William Bullitt

威廉・邦迪 William Bundy

伊恩・布鲁玛 Ian Buruma

乔治・H. W. 布什（老布什）George H.W.

　　Bush

乔治・W. 布什（小布什）George W. Bush

詹姆斯・巴特勒爵士 Sir James Butler

凯撒大帝 Julius Caesar

卡迪根勋爵 Lord Cardigan

约翰・凯里 John Carey

布伦瑞克的卡罗琳 Queen Caroline

吉米・卡特 Jimmy Carter

菲德尔・卡斯特罗 Fidel Castro

布拉甘萨的凯瑟琳 Catherine of Braganza

克里夫・查德顿 Cliff Chadderton

内维尔・张伯伦 Neville Chamberlain

查理大帝 Charlemagne

查尔斯亲王 HRH The Prince of Wales

　　Charles

查理二世 King Charles II

乌戈・查韦斯 Hugo Chávez

迪克・切尼 Dick Cheney

琳恩・切尼 Lynne Cheney

雅克・希拉克 Jacques Chirac

弗兰克・丘奇 Frank Church

温斯顿・丘吉尔 Winston Churchill

卡洛・阿泽利奥・钱皮 Carlo Azeglio

　　Ciampi

马克・克拉克 Mark Clark

比尔・克林顿 Bill Clinton

希拉里・克林顿 Hillary Clinton

罗宾・乔治・柯林武德 R. G. Collingwood

克里斯托弗・哥伦布 Christopher

　　Columbus

奥利弗・克伦威尔 Oliver Cromwell

居鲁士大帝 Cyrus the Great

乔治四世 King George IV

爱德华·吉本 Edward Gibbon

米沙·格兰尼 Misha Glenny

马达瓦·戈尔瓦卡 Madhav Golwalkar

米哈伊尔·戈尔巴乔夫 Mikhail
　　Gorbachev

斯雷德·戈登 Slade Gorton

安德鲁·柯林·高 Andrew Colin Gow

扎内·格雷 Zane Grey

拉迪亚德·格里菲思 Rudyard Griffiths

格林兄弟 Grimm brothers

莱尼尔·格鲁克斯神父 Abbé Lionel Groulx

大卫·哈伯斯塔姆 David Halberstam

莫里斯·哈布瓦赫 Maurice Halbwach

T. X. 哈姆斯 T. X. Hammes

斯蒂芬·哈珀 Stephen Harper

亚瑟·哈里斯爵士 Sir Arthur "Bomber"
　　Harris

L. P. 哈特利 L. P. Hartley

约翰·霍金斯爵士 Sir John Hawkins

黑格尔 Georg Wilhelm Friedrich Hegel

约翰·戈特弗里德·赫尔德 Johann
　　Gottfried Herder

泽埃夫·赫尔佐克 Ze'ev Herzog

阿道夫·希特勒 Adolf Hitler

埃里克·霍布斯鲍姆 Eric Hobsbawm

阿利斯泰尔·霍恩 Alistair Horne

约翰·霍华德 John Howard

迈克尔·霍华德 Michael Howard

科德尔·赫尔 Cordell Hull

萨缪尔·亨廷顿 Samuel Huntington

萨达姆·侯赛因 Saddam Hussein

伊凡雷帝 Ivan the Terrible

"石墙"杰克逊 Stonewall Jackson

苏珊·雅克比 Susan Jacoby

乔治·约菲 George Joffe

林登·约翰逊 Lyndon Johnson

昆西·琼斯 Quincy Jones

乔丹 Jordan

穆利·马诺哈尔·乔希 Murli Manohar Joshi

犹太 Judaea

吴克·卡拉季奇 Vuk Karadži

南希·卡斯鲍姆 Nancy Kassebaum

约翰·肯尼迪 John F. Kennedy

约翰·梅纳德·凯恩斯 John Maynard Keynes

尼基塔·赫鲁晓夫 Nikita Khrushchev

亨利·基辛格 Henry Kissinger

赫尔穆特·科尔 Helmut Kohl

帕迪·莱德 Paddy Ladd

詹姆斯·莱恩 James Laine

诺曼·波德霍雷茨 Norman Podhoretz

波尔布特 Pol Pot

吉洛·彭特克沃 Gillo Pontecorvo

拉扎尔·蒙蒂塞利 Lazare Ponticelli

科林·鲍威尔将军 General Colin Powell

弗拉基米尔·普京 Vladimir Putin

沃尔特·雷利爵士 Sir Walter Raleigh

罗摩 Rama (Hindu god)

利奥波德·冯·兰克 Leopold von Ranke

罗纳德·里根 Ronald Reagan

杰弗里·雷科德 Jeffrey Record

欧内斯特·勒南 Ernest Renan

保罗·里维尔 Paul Revere

戴维·雷诺兹 David Reynolds

理查三世 King Richard III

理查一世 King Richard the Lion Heart

罗伯特一世 Robert the Bruce

帕特·罗伯逊 Pat Robertson

马克西米连·罗伯斯庇尔 Maximilien de
　　Robespierre

罗宾汉 Robin Hood

兰德尔·罗宾逊 Randall Robinson

诺曼·洛克威尔 Norman Rockwell

特丽莎·罗曼斯 Trisha Romance

富兰克林·德拉诺·罗斯福 Franklin

Delano Roosevelt

西奥多·罗斯福（泰迪）Teddy Roosevelt

陆克文 Kevin Rudd

迪安·腊斯克 Dean Rusk

安德烈·萨哈罗夫 Andrei Sakharov

萨拉丁 Saladin

撒玛利亚 Samaria

乔治·桑塔亚那 George Santayana

尼古拉·萨科齐 Nicolas Sarkozy

让－保罗·萨特 Jean-Paul Sartre

老阿瑟·施莱辛格 Arthur Schlesinger, Sr.

小亚瑟·施莱辛格 Arthur Schlesinger, Jr.

保罗·施罗德 Paul Schroeder

阿里埃勒·沙龙 Ariel Sharon

希瓦吉 Shivaji

阿维·施莱姆 Avi Shlaim

斯劳 Slough, Berkshire

苏格拉底 Socrates

所罗门 King Solomon

布兰妮·斯皮尔斯 Britney Spears

约瑟夫·斯大林 Joseph Stalin

亨利·斯坦利 Henry Stanley

大卫·斯塔基 David Starkey

马克·斯塔洛维奇 Mark Starowicz

杰布·斯图尔特 Jeb Stuart

罗恩·萨斯金德 Ron Suskind

A. J. P. 泰勒 A. J. P. Taylor

沙伯塔伊·特维斯 Shabtai Teveth

罗米拉·撒帕尔 Romila Thapar

撒切尔夫人 Margaret Thatcher

约瑟普·布罗兹·铁托 Marshal Josip
　　Broz Tito

阿诺德·汤因比 Arnold Toynbee

海因里希·冯·特莱奇克 Heinrich von
　　Treitschke

列夫·托洛茨基 Leon Trotsky

皮埃尔·特鲁多 Piere Trudeau

哈里·杜鲁门 Harry Truman

乔治·特赖恩 Vice Admiral George Tryon

巴巴拉·塔奇曼 Barbara Tuchman

弗拉尼奥·图季曼 Franjo Tudjman

阿塔尔·比哈里·瓦杰帕伊 Atal Behari
　　Vajpayee

提奥·梵高 Theo Van Gogh

赛勒斯·万斯 Cyrus Vance

埃莱夫塞里奥斯·韦尼泽洛斯
　　Eleuthérios Venizélos

乔治·华盛顿 George Washington

丹尼尔·韦伯斯特 Daniel Webster

白修德 Theodore White

里昂·维森特尔 Leon Wieseltier

乔治·威尔 George Will

伍德罗·威尔逊 Woodrow Wilson

奥普拉·温弗里 Oprah Winfrey

迈克尔·威策尔 Michael Witzel

卡特·伍德森 Carter G. Woodson

鲍里斯·叶利钦 Boris Yeltsin

邝云峰 Yuen Foong Khong